DISCLAIMER

The author and publisher are providing this book and its contents on an "as is" basis and make no representations or warranties of any kind with respect to this book or its contents. The author and publisher disclaim all such representations and warranties, including but not limited to warranties of merchantability. In addition, the author and publisher do not represent or warrant that the information accessible via this book is accurate, complete, or current.

Except as specifically stated in this book, neither the author nor publisher, nor any authors, contributors, or other representatives will be liable for damages arising out of or in connection with the use of this book. This is a comprehensive limitation of liability that applies to all damages of any kind, including (without limitation) compensatory; direct, indirect, or consequential damages; loss of data, income, or profit; loss of or damage to property; and claims of third parties.

This Book Comes With Free Bonus Puzzles
Available Here:

BestActivityBooks.com/WSBONUS20

5 TIPS TO START!

1) HOW TO SOLVE

The Puzzles are in a Classic Format:

- Words are hidden without breaks (no spaces, dashes, ...)
- Orientation: Forward & Backward, Up & Down or in Diagonal (can be in both directions)
- Words can overlap or cross each other

2) ACTIVE LEARNING

To encourage learning actively, a space is provided next to each word to write down the translation. The **DICTIONARY** allows you to verify and expand your knowledge. You can look up and write down each translation, find the words in the Puzzle then add them to your vocabulary!

3) TAG YOUR WORDS

Have you tried using a tag system? For example, you could mark the words which have been difficult to find with a cross, the ones you loved with a star, new words with a triangle, rare words with a diamond and so on...

4) ORGANIZE YOUR LEARNING

We also offer a convenient **NOTEBOOK** at the end of this edition. Whether on vacation, travelling or at home, you can easily organize your new knowledge without needing a second notebook!

5) FINISHED?

Go to the bonus section: **MONSTER CHALLENGE** to find a free game offered at the end of this edition!

Want more fun and learning activities? It's **Fast and Simple!**
An entire Game Book Collection just **one click away!**

Find your next challenge at:

BestActivityBooks.com/MyNextWordSearch

Ready, Set... Go!

Did you know there are around 7,000 different languages in the world? Words are precious.

We love languages and have been working hard to make the highest quality books for you. Our ingredients?

A selection of indispensable learning themes, three big slices of fun, then we add a spoonful of difficult words and a pinch of rare ones. We serve them up with care and a maximum of delight so you can solve the best word games and have fun learning!

Your feedback is essential. You can be an active participant in the success of this book by leaving us a review. Tell us what you liked most in this edition!

Here is a short link which will take you to your order page.

BestBooksActivity.com/Review50

Thanks for your help and enjoy the Game!

Linguas Classics Team

1 - Antiques

```
T Q D K E P E R U K A M O Z
Y H Z A U D L O N T Y D X V
R X Y R L B Y N N N I E I I
E L E G A N T H X M O C N S
L R Z M V O S D Q H W O V H
L A U S U S U Q I U I R E O
A Z Y T I L A U Q O D A S N
G A A D I P R I C E A T T G
N N Q K N N C G Y J W I M A
Y A Y G X A R I Z C K V E H
A U C T I O N U C M O E N A
K U N Y A N Y A F C H I T R
G S B R C W I F I P C B N T
K E R A K U D Z O R E R A S
```

ART	INVESTMENT
AUCTION	ZVISHONGA
CHOKWADI	OLD
ZANA	PRICE
COINS	QUALITY
MAKURE	KUDZORERA
DECORATIVE	KUNYANYA
ELEGANT	STYLE
FURNITURE	USUSUAL
GALLERY	VALUE

2 - Food #1

```
Y R R E B W A R T S B K E Z
F I U E C A P E A R A G U S
H P X H U N S P C L R Y S M
H S P G U U T I I T E Q O U
C Y A P K T T H L C Y M U K
A Z V L C I N N A M O N P A
N P H I A P P K A R O T I K
I Y R C S D I S S U W R C A
P P B I S I N A Y N A H N B
S E M L C N R C P K J X S J
T A P R O O U M U N Y U M P
H N N A N M T K B A Y Z U L
Y U B G U E B H X A V D T C
Y T X Z W L A E H M O Z O L
```

APRICOT	PEANUT
BAREY	PEAR
BASIL	SALAD
KAROTI	MUNYU
CINNAMON	SOUP
GARLIC	SPINACH
MUTO	STRAWBERRY
LEMON	SUGAR
MUKAKA	TUNA
HANYANISI	TURNIP

3 - Measurements

```
D P I D G K X R K B U I Y N
R Y J E I I W Y F F B L P H
L S Y G I L W E X B R V R R
V N G R P O I W C Y E K E V
G O B E S G D S R T I V T V
D T L E S R T T A E H G E T
E H M U A A H L B D T P M L
P G J E M M N U N M T I O G
T I M I T E N I M B Z A L R
H E Q T Q E O U N C E C I A
T H C N I S R W G I A M K M
C E N T T I M E T E R Y U D
U R E M B O D E C I M A L E
L E N G T H Y N C H D R L T
```

BYTE	LENGTH
CENTTIMETER	LITER
DECIMAL	MASS
DEGREE	METER
DEPTH	MINETI
GRAM	OUNCE
HEIGHT	TON
INCH	VOLUME
KILOGRAM	UREMBO
KILOMETER	WIDTH

4 - Farm #2

```
M R K M Y E I L L M C B U B
O A L B A R E Y A U O H M P
R R K U T M D S M K R C O Z
C I M W K B A Y B A N H L X
H R U N A W K L C K A W Y E
A I F A R I U S L A F O O D
R D U E T X H A C U D D W H
D U D N W I M I R U M A I S
A K Z F Z J E S K J K E R C
P I I O R K R E P C V M U O
D H A H A U G O R O S I M B
G M L K L R I U B A R N Z W
A R I P E G W T K O B O Y X
Q E L A W N D G B U S U K Z
```

MHUKA
BAREY
BARN
CORN
DHAHA
MURIMI
FOOD
FRUIT
KUDIRIRA
LAMB

LLAMA
MEADOW
MUKAKA
ORCHARD
ARIPE
MAKWAI
MUFUDZI
TRAKTA
MURIWO
GOROSI

5 - Books

```
L I N V E N T I V E H R F N
I A R A D V E N T U R E M H
T N L H I C I E N Y A Y A E
E T X E T N O C U A W E C T
R N D Z V I N O K O S H A E
A H H U R O H T U A R S K M
R O J U A Z N E P I C E U B
Y R U O M L Y V W V E R C O
O O N T R O I P U R C I H S
X O I H V B R T T Y H E E C
O N I U C B E O Y L P S N U
Y D T R A G I C U O E A G K
R O T A R R A N G S J C A P
M U V E R E N G I X I Z G C
```

ADVENTURE
AUTHOR
KUCHENGA
CONTEXT
DUALITY
EPIC
NHOROONDO
HUMOROUS
INVENTIVE
LITERARY

NARRATOR
NOVEL
PEJI
NHETEMBO
MUVERENGI
ZVINOKOSHA
SERIES
NYAYA
TRAGIC

6 - Meditation

```
Q N M Q W K U D Z I K A M A S
S J U C L A R I T Y O Y N M
T E S K U B V U M A R G A A
D N I M M E N T A L O E T O
M S C A K U F E M E R A U N
U O R X K V V Z K Q Z T R E
E P V W V U Q V U O P D E R
N S W E Q N M F O M E A M O
Q Y A J M Y R G N R R N H S
U O Q Q L E J A A B A H R V
T S I T S I N C U P G F Q D
P F U N G W A T V O U G U Q
K U N Y A R A R A F R B T M
M M M U T S A K U V O N D A
```

KUBVUMA

MUKAI

KUFEMERA

KUDZIKAMA

CLARITY

TSITSI

MAEMO

KUVONDA

MUFARO

MUTSA

MENTAL

MIND

MOVEMENT

MUSIC

NATURE

KUONA

RUGARE

MAONERO

KUNYARARA

PFUNGWA

7 - Days and Months

```
N S P R K C A L E N D A R R
Y V N C C U C M U V H U R O
A O R S H R B H X S O J V E
M N I A I V B V I Z D E W M
A D X R T R S W U N L X I U
V O V E A T H M R M A A K R
H I H V T B Z U U P B W U U
U G I O U U Q N G E C I K K
V R K G U N Y A N A H Z A U
H N I U G I F H U C I D D K
U X D M Z P H S K W P U Z S
F F P I R P B I I R I B I P
N F H E R N H H H K R M V L
G O R E U A F C C K I O Y K
```

KUBVUMBI   MBUDZI
NYAMAVHUVHU   MUGOVERA
CALENDAR   GUNYANA
KUKADZI   SVONDO
CHISHANU   CHINA
NDIRA   CHIPIRI
CHIKUNGURU   CHITATU
KURUME   VHIKI
MUVHURO   GORE
MWEDZI

8 - Energy

```
T U R B I N E I X Q L G G I
Z V A K A I T I K A A W A X
S M T G Q L Y E U D W D S H
I G H M N X P D O J Z N O A
E N V E Y V O H S Q D O L Y
L O D A P Y R E T T A B I I
E R K U T O T A V X V R N D
C T L U S G N T D M S A E R
T C O S S T E K E O T C E O
R E I R K V R T S T O L N G
I L E U F H I Y E O N G G E
C E X M J C E T L R I J I N
N U C L E A R H S H V F N I
P H O T O N A R T A Z Q E D
```

BATTERY	HEAT
CARBON	HAYIDROGENI
DESEL	INDUSTRY
ELECTRIC	MOTOR
ELECTRON	NUCLEAR
ENGINE	PHOTON
ENTROPY	KUSVITSA
ZVAKAITIKA	ZVINOTSVADZWA
FUEL	TURBINE
GASOLINE	MHEPO

9 - Archeology

```
R D O I K U B A T S I R A C
P R O F E S A J G I Z Q F H
M U O N G O R O R O U S N A
T J Y L D T E M B E R I B K
A D I V Z N A Y N K R O M A
E O U M U A W N A G N A K V
M R M A N D F T Y R Q A F A
A O A P K N Z O E B L Q N N
K R K F N E V L S A V J T Z
O O I U O C I R Y S M C O I
R G V P W S N O V F I I M K
E N Z A N E H V Y G S L B A
T O I V P D U G I T R E I Y
A N T I Q U I T Y V A R L H
```

ONGORORO	CHAKAVANZIKA
ANTIQUITY	ZVINHU
MAPFUPA	PROFESA
KUBATSIRA	RELIC
DESCENDANT	MUONGORORO
ERA	TEAM
NYANZVI	TEMBERI
KANGANWA	TOMB
FOSSIL	UNKNOWN
ZVIKAMU	MAKORE

10 - Food #2

```
W N D Q E Z I V Y I S C B I
F V B M K P L L K Z L E A G
E T A L O C O H C I G J N G
H O W A H J C G O H W D A O
G N V Q C A C A U C K I N R
R V A L I O O V O N T R A O
A B R T T S R N H T H H L S
P W C O R C B K Z V A A F I
E J H W A W G N U P U M W K
G G E H U K U M A M H Z O S
C S R L Y O G U R T O A M T
A D Y R P F D E P Q V N B R
X X N Q F P P J K J E O N U
C E L E R Y A J R L L Y I L
```

APPLE
ARTICHOKE
BANANA
BROCCOLI
CELERY
CHIZI
CHERY
HUKU
CHOCOLATE
EGG

ZANO
HOVE
GRAPE
HAM
KIWI
HOWA
MUPUNGWA
TOMATO
GOROSI
YOGURT

11 - Chemistry

```
H M O L E C U L E O H A U D
O A U R Z U E N I R O L H C
H X Y F Y B B P E G M K P R
N U Y I C V P H R A E A D Y
X R Z G D I C A U N D L L J
H A W B E R N N T I G I C N
U Y N U M N O J A C A N A Q
A G V X Y M R G R O S E R N
U T U T N J T D E X A N B U
R U O K N W C I P N N X O C
E A H M E I E U M O I A N L
M N E U I I L Q E I J T O E
B Y A Q D C E I T N F W I A
O G T C A T A L Y S T D Z R
```

ACID	HAYIDROGENI
ALKALINE	ION
ATOMIC	LIQUID
CARBON	MOLECULE
CATALYST	NUCLEAR
CHLORINE	ORGANIC
ELECTRON	OXYGEN
ENNYME	MUNYU
GAS	TEMPERATURE
HEAT	UREMBO

12 - Music

```
C L A S S I C A L N M M C M
I S T R U M E N T H I U H U
D A L L A B P T A E C S O I
R H Y T H M I C L T R I R M
D D N T Y K P P B E O C U B
Q O O I S R Y G U M P A S I
I K M U N C A D M B H L B X
K E R T A I D Q O O O Y C T
D R A F G N I S Y L N A K X
J U H O Y O P M E T E V M F
J K S Q L M H T Y H R M H K
X D F H A R E P O C P K W Y
L Y R I C A L A C O V W P G
O Q V I Z H H D T K U G N G
```

ALBUM	MUSICAL
BALLAD	OPERA
CHORUS	NHETEMBO
CLASSICAL	KUREKODHA
HARMONIC	RHYTHM
HARMONY	RHYTHMIC
ISTRUMENT	SING
LYRICAL	MUIMBI
MELODY	TEMPO
MICROPHONE	VOCAL

13 - Farm #1

```
W F B D H D A F W M F T I M
A E B X M U L X I U E E B H
A D C R O W K K R P N M L U
F X U L T X A U N U C V F R
E B A C H O R S E N E U I U
R A I F H Y C F A G K R Y W
T M K I X I L C R W Q A W G
I Y S E Z S U R B A W B M I
L X L L U D C O W B I S O N
I I F D F S U E A P B O C H
Z P M T O E M B V F A C A T
E A B A G T G A M I R U K V
R S E R H A Y E K N O D U G
D R U V O E T D N O L L S P
```

KURIMA	FENCE
BEE	FERTILIZER
BISON	FIELD
MHURU	MBUDZI
CAT	HAY
HUKU	UCHI
COW	HORSE
CROW	MUPUNGWA
IMBWA	MBEU
DONKEY	MVURA

14 - Camping

```
O T O M Q E G G H F N L D I
B E C I U Q C Z D U O I O F
M N B E R U T A N N H A T S
A T A H S Y F Y A D Q G D D
T M C O G N A S W B W E X E
G A A C N O I H A M M O C K
G P B O I O A O K D P N T A
D S I M T M Z K U F M A Q L
W G N P N Q F Q H N X C Y K
I L J A U Y O W M M I T I Y
I W B S H X O N S W T B A L
B W J S R G J E K H N H U J
Y I X W A D V E N T U R E D
T P M O U N T A I N O M R M
```

ADVENTURE	HUNTING
MHUKA	INSECT
CABIN	LAKE
CANOE	MAP
COMPASS	MOON
MOTO	MOUNTAIN
SANGO	NATURE
FUN	TAMBO
HAMMOCK	TENT
HAT	MITI

15 - Algebra

```
V D I A G R A M S W D H F B
S A M E H N K K U W A H O A
O O R E B M U N B T M G R R
U M L I M E F M T K B P M E
H A E U A O V M R U U V U N
E T T M T B D Z A K D K L E
X R I A M I L Z C A Z U A S
P I N K P Q O E T M I G J I
O X I I P U R N I U K A F K
N G F H E Q E I O K O D A O
E Y N C Z X Z J N A C Z C A
N L I N E A R S C N L I T M
T E Q U A T I O N A J R O P
K U R E R U D Z A W I A R B
```

DIAGRAM	MATRIX
KUKAMUKANA	NUMBER
EQUATION	BARENESI
EXPONENT	DAMBUDZIKO
FACTOR	KURERUDZA
NHEMA	SOLUTION
FORMULA	KUGADZIRA
CHIKAMU	SUBTRACTION
INFINITE	VARIABLE
LINEAR	ZERO

16 - Numbers

```
E Z E R O D U E G G M U Q O
W Z O X Y Q L Y U U A Q X F
M R I I O U Y A M M K G B P
O O H H I T T J I I U T A T
N H A N H A T U N N M G N S
I P D S O T X W E E I U I E
V F E H Y E J J N S M M V R
Z U C A F N S D O H A I Z E
G M I N P I R I M A V P I Q
M B M U X M X Q W N I O X Z
H A A V Q U E N E U R S L Z
Y M L B M G V J L Z I H O Y
V W J K B Q M A T H U I Q U
R E G U M I N E I N A N C I
```

DECIMAL	ZVINOMWE
SERE	GUMI NENOMWE
GUMI NESHANU	NHANHATU
SHANU	GUMI
ZVINA	GUMI NETATU
GUMI NEINA	TATU
MATH	MAKUMI MAVIRI
PFUMBAMWE	PIRI
POSHI	ZERO

17 - Spices

```
C U R R Y S P M G T U A L T
I F N Z C S A J M G A R I S
L U G O E Z W F W X V R C A
R R Q U J H D E F S U K O N
A K I R P A P F E R R Z R G
G N U T M E G T A T O Y I A
H A N Y A N I S I N N N C M
M U N Y U C V A M O I Z E I
V A N I L L A S C M V S L D
U F L V D G O V U A Z Y E Z
F L A V O U R R M N N S N I
C A R D A M O M I N V K N R
A B K O M Z E T N I O H E J
W R E D N A I R O C O Y F Y
```

ANISE
ZVINORUVA
CARDAMOM
CINNAMON
RUFU
CORIANDER
CUMIN
CURRY
FENNEL
FLAVOUR

GARLIC
TSANGAMIDZI
LICORICE
NUTMEG
HANYANISI
PAPRIKA
SAFFRON
MUNYU
SWEET
VANILLA

18 - Universe

```
H N R G M L H Z O D I A C O
B E G K Y E P O C S E L E T
F V M D Y M E Y R T R W L A
G F R I K E D U T I T A L T
R A L O S O R B I T Z U I M
G M Q R E P H C F L U O T O
S I D E V Q H V E O R K N S
N R M T N D U E M O O N C P
B H T S G O D A R F Q T O H
L X Q A X M Q Q T E J D S E
S O L S T I C E L O E Z M R
G A L A X Y R D Z K R C I E
Y E K U C H E N J E R A C D
Z V I N O O N E K W A B R U
```

ASTEROID
ATMOSPHERE
YEKUCHENJERA
COSMIC
RIMA
EQUATOR
GALAXY
HEMISPHERE
HORIZON

LATITUDE
MOON
ORBIT
SKY
SOLAR
SOLSTICE
TELESCOPE
ZVINOONEKWA
ZODIAC

19 - Mammals

```
R H S B I D U A F Q X C J Z
U B H W S M Z E B R A X K F
F U U O Z N B R M O N K E Y
I L M X E T B W T I I Z T T
K L B H O R S E A A H C I S
U A A C U D N T L W P M L R
C D N C O Y O T E F L O W O
U N I G G L L G R M O H S R
M A Z N A O U N Z W D C R O
Q T Q H X R R A E B A A X C
M A K W A I O I S P L T R I
W H A L E O U O L V P L L W
F O X B E A V E R L Q K B V
H Y S L J B A P O V A P C N
```

BEAR	GORILLA
BEAVER	HORSE
BULL	KANGAROO
CAT	SHUMBA
COYOTE	MONKEY
IMBWA	TSRORO
DOLPHIN	MAKWAI
NZOU	WHALE
FOX	WOLF
TANDA	ZEBRA

20 - Bees

```
U S J H N W C V W V T K K N
C G W W B B F M A T Q W U R
H Q C A P O L E N I G L S S
I I D D R Y S T W U I M I U
Z S D N W M F S T R E A Y N
M V A A A T L Y C F N Q A E
A D O B X I S S E V I H N E
P K Z K H B L O S S O M A U
A F Z D U K Z C N G R S R Q
P T Q N F D L E I N J U I E
A Y W W L O Y A M I R I V Z
P N A R I S T A B O N I S A
A M P O L L I N A T O R U B
S Q C U U Y Q Q F S Q Z K X
```

INOBATSIRA	INSECT
BLOSSOM	ZVIRIMA
KUSIYANA	POLENI
ECOSYSTEM	POLLINATOR
RUVA	QUEEN
ZVOKUDYA	KUSVIRA
FRUIT	SUN
BANDA	SWARM
HIVE	WAX
UCHI	MAPAPAPA

21 - Photography

```
C I Y D X C K A V W C X T O
O C I M W B O U O J D F O Z
N O O C D M S L P X F F N D
T M F H A D U A O E B E W I
R P R I O R B N D R D G X T
A O A N Z N J S V B L Z E A
S S M A A R E M A K C C A R
T I E N M C M I M V U R I
A T G G E I T Z L Y Z N H H
M I X W H O R E N O A M P C
R O I A N M P O R T R A I T
O N Z V I N O K O S H A Z I
F Z V I N O O N E K W A M A
D E F I N I T I O N I D Y F
```

NHEMA	FRAME
KAMERA	KUPEDZA
COLOR	CHINANGWA
COMPOSITION	MAONERO
CONTRAST	PORTRAIT
RIMA	MIMVURI
DEFINITION	SUBJECT
CHIRATIDZO	ZVINOKOSHA
FORMAT	ZVINOONEKWA

22 - Sports

```
M U S H A N D I T R D X I P
U P E C L L A B E S A B T O
I K O H U O C N N X M L E G
D G E B K H J H N D Z K A T
A M J D I F Q E I Q E B M T
T M A B S C I T S A M M Y G
S N L L A B T E K S A B M D
K E E J H W T L A G G X U X
Z M G M B O F H M M V K K B
J Y Q O E K A T C E N Y U X
I Z H A L V L A O D O Y N K
H A D D K F O N A Y D B D Q
R E F E R E E M C J Z Z I F
L U A R H J G S H F Q V K Y
```

ATHLETE   HOKI
BASEBALL   MOVEMENT
BASKETBALL   MUSHANDI
BHASIKULA   REFEREE
COACH   STADIUM
GAME   TEAM
GOLF   TENNIS
GYMMASTICS   MUKUNDI

23 - Weather

```
T M B E R E H P S O M T A L
M R H R Q N A J E H A E C I
B F O E K R G G A N D M I G
Z O V P P Z I A P Z Z P O O
M G R A I O I S Z M I E M R
P F Y E V C O Y D V M R Q E
A O M A H S A F A M A A T V
S K L D U T U L W F M T O B
N E N A C I R U H G B U R T
M R Z M R D R Y U H O R N J
H A R I R I M I T U K E A X
E R M O N S O O N I C S D W
N U P S K Y M C J Y L Y O U
I M K U D Z I K A M A V G E
```

ATMOSPHERE	MONSOON
KUDZIKAMA	POLAR
MADZIMAMBO	MURARE
GORE	SKY
DRY	DUTU
MAFASHAMO	TEMPERATURE
FOG	KUTIMIRIRA
HURICANE	TORNADO
ICE	TROPICAL
MHENI	MHEPO

24 - Adventure

```
D S B J D A A V K M D O W G
H J O M O F A D B Y A E N S
G J Y Z A Y I R A W M A H S
M U K A N A K I G E B U S K
U M S N I S U N N U S P U
K E T Q E W N E I I D U O G
A U K U D A A N H F Z S W A
N C F V Q X K G S V I U L D
A L T A A Y A O U N K A K Z
T V Y I M M C Z L F O L Y I
U H I Z V B Q I N Z I R A R
R E L Y W I A T W O M M P I
E U W N O I T A G I V A N R
E L M O X B O Y M P J Q N A
```

ACTIVITY
KUNAKA
USHINGA
MUKANA
INENGOZI
DAMBUDZIKO
KUDA
SHAMWARI

NZIRA
JOY
NATURE
NAVIGATION
NEW
KUGADZIRIRA
KUFAMBA
USUSUAL

25 - Sport

```
C H I N A N G W A O K Z W U
S I M B A D B G M T U R X R
L L F X C I L O B A T E M K
W D V A K I A A D V S Z U U
N W B A I R K U B Y V T T M
A S I N A W K U K Y I P A H
Z T M I Q P F F E I R R N A
N E H A C M J S Z E I O O N
A I C L P U V T I F R G X Y
T D A D E F X R M V A R W A
U Y O B U T U O I O J A M R
K F C C N N E P X Y Y M I R
M U S C L E S S A Z L H L R
D J J B V Y O O M V V E Z T
```

KUKWANISA
ATHLETE
BODY
MAPFUPA
COACH
KUTSVIRIRA
KUTANZA
DIET
CHINANGWA

UTANO
KUMHANYA
MAXIMIZE
METABOLIC
MUSCLES
PROGRAM
SPORTS
SIMBA

26 - Circus

```
K A H S M M A Y E S H U K R
S B R U C U O V I N E Y T A
P M E I Y I O N D G N X U T
J U G G L E R N K C I R T I
V H I N P T Y Y E E N D P D
A S T V T X R Y E S Y U A Z
I M A G I C I S U M I C R A
D I N O U R H B A M O A K
Z T E N T A B O R C A S D U
A Q U A B N N P Z M X T E H
I V A E X A Z X U N L U F M
Z V I W I T I W G M I M P N
B R J K F B Q X F P F E Z B
A R K T R W Y H R Z S K M Z
```

ACROBAT	MAGIC
MHUKA	MONKEY
MABHURUONI	MUSIC
ZVIWITI	PARADE
COSTUME	RATIDZA
NZOU	MUONESI
VAIDZAI	TENT
JUGGLER	TIGER
SHUMBA	TRICK

27 - Restaurant #2

```
C S A L A D F S T F C N D K
I H A J H O V E F O H O W U
P D A T U W I C Z R I D P G
R E T I A W O I V K P L Z K
P D Z U R Y Y F I M U E U U
K M Q R G X K P N Z N S F S
Q G C F H J D B H S U U J V
M M A Z A I T N U J X H Y I
G U J X A K A N O N I V Z R
X X R E D X U Y N U M E O A
K A Y I E E M P D U G A B R
L N J W W D Z S O U P U V U
C A K E K O K G T Y K E M V
C H I N O N W I W A E O D M
```

CHINONWIWA   KUSVIRA
CAKE   NODLES
CHAIR   SALAD
ZVINONAKA   MUNYU
KUDYA   SOUP
MAZAI   ZVINHU
HOVE   CHIPUNU
FORK   MURIWO
FRUIT   WAITER
ICE   MVURA

28 - Geology

```
M T T T Z C S Q N I S K D K
M U Q E R H T Q X J T O H U
I G N J H E O Z T R A U Q K
N W D Y M M N G D L L A A U
E C N T U B E E E I A E B K
R C O S Q E R Y U S C T C U
A Y W R K R R S Q S T A A R
L C M E A I W E S O I L L W
S L B Y R L V R F F T P C A
T E T A C A V E R N E N I P
S S K L Y L A V A A J D U X
M O L T E N P E H C M L M W
G O C O N T I N E N T H E X
V O L C A N O S Z G C R X X
```

ACID	LAVA
CALCIUM	LAYER
CAVERN	MINERALS
CONTINENT	MOLTEN
CORAL	PLATEAU
CHEMBERI	QUARTZ
CYCLES	MUNYU
KUKUKURWA	STALACTITE
FOSSIL	STONE
GEYSER	VOLCANO

29 - House

```
W T U K I T C H E N V W G R
V A D S L R O O F Q M L J A
J Q O P M C N B Q A F Z R I
H J O O Q D P R J A X F B
R C R M W U B M E O C W U H
H W I N D I Y A C F O Y R U
P S H A S H A L N C R M N R
Z R O R R I M L E D E O I A
P N K O X L R A F Q A O T R
K F W O B I G W G I U R U I
E C A L P E R I F V W K R J
Y S W F G A R A J I Z N E D
S N I A T R U C I T T A A G
B R N P G P N P U F G T Y N
```

ATTIC	KEYS
BROOM	KITCHEN
CURTAINS	LAMP
DOOR	RAIBHURARI
FENCE	MIRROR
FIREPLACE	ROOF
FLOOR	ROOM
FURNITURE	SHASHA
GARAJI	WALL
BANDA	HWINDI

30 - Physics

```
G A Y L S C G N S P C D A U
A M A K U H H W S I R G P N
S O A H C X A E A Y O K F I
K T A Q K Y V L M T K G B V
U A S P E E D U S I S K J E
S E G T F W J C I S C R F R
I E N B H W T E T N I A A S
M M C G K P J L E E N E L A
B T R H I J X O N D A L U L
I B Z T O N I M G J H C M U
S P I J Z L E B A Z C U R L
A C H I K A M U M F A N O S
F R E Q U E N C Y G M O F E
E L E C T R O N M J M R B X
```

KUSIMBISA
ATOM
CHAOS
CHEMICAL
DENSITY
ELECTRON
ENGINE
FORMULA
FREQUENCY
GAS

MAGNETISM
MASS
MACHANICS
MOLECULE
NUCLEAR
CHIKAMU
HUKAMA
SPEED
UNIVERSAL

31 - Dance

```
J V J X N R X O G M J P Z C
T R A D I T I O N A L A V L
A J R H Y T H M Q U Y R I A
A C A D E M Y N B O Y T N S
K Q I H S Y Q O Y Q H N H S
I T U S G Y X L A A Y E U I
S N G N U V W B R N S R D C
T A V P P M C A T S D H I A
C H O R E O G R A P H Y A L
K U D Z O R E R A K J N R H
Z V I N O O N E K W A R A W
E M O T I O N T T E D O F I
B O D Y A C T A R U A T U K
M O V E M E N T Y O F Y K L
```

ACADEMY   KUFARA
ART   MOVEMENT
BODY   MUSIC
CHOREOGRAPHY   PARTNER
CLASSICAL   ZVINHU
TSIKA   KUDZORERA
EMOTION   RHYTHM
KUTAURA   TRADITIONAL
NYASHA   ZVINOONEKWA

32 - Colors

```
P Y Y N G B B Z B Y W P E J
A I B M I W M J R E M F L P
I J N E R O I G F R I Q P S
A G A K E G I E B O V V Z E
Z I Y M Y K D F D S M I B P
U R C A I W F X T B Q P A I
R I F G V S G P E P U R U A
E N C E I N U W A R U H B F
Z H A N O E K P Q N C J V U
N I U T L B U N H I E L B C
P H I A E Z V U U R U H B H
G J E L T H S N J J K E C S
R K T M N H T O T J Y Y Y I
H R P J A I Y V T W Q Y J A
```

AZURE   MAGENTA
BEIGE   ORENJI
NHEMA   PINK
BHURUU   PEPURU
BHURAWUNI   TSVUKU
CYAN   SEPIA
FUCHSIA   VIOLET
GIRINHI   CHENA
GIREYI   YERO

33 - Climbing

```
A T M O S P H E R E U P U X
N K U F A M B A W L L Y R Z
A V I Z U K A D U K T G Q G
K V R K L T Z N J Y I L K U
I A I U M E D Y N C T S F K
Z N V D V M A A D Q U I J P
D O U Z X L V N F V D V J Q
A K M I B E U Z W I E O K K
G O E D A H K V W O R R A N
U S V Z S S U I O K M G Z E
K H Z W C I K K H A F A X M
Y A I A Q M L S U B W M P H
B M T E Y B A L Q Z C Y Q S
X O S I N A G N A K I V Z L
```

ULTITUDE	HELMET
ATMOSPHERE	KUFAMBA
BHUKU	KUKUVADZA
BAKO	MAP
ZVIKANGANISO	NARROW
KUDA KUZIVA	ZVEMUVIRI
NYANZVI	KUGADZIKANA
MAGROVIS	SIMBA
VANOKOSHA	KUDZIDZWA

34 - Shapes

```
E R A U Q S J P N P C L S I
L E Q A L R H V G R R U C T
L C I L I T U A L I A W B M
I Y U O T Z D I S E M U E
P L Z B Q W Z Y A M D K M L
S I Y R Z D I O Y W G T Z C
E N V E L G N A T C E R F R
P D V P A T U U H S S A C I
Y E O Y K G S H R E V R U C
R R O H F Q I M E G N X T Q
A K O N A L N O G Y L O P G
M N B V S I D E T D I R C R
I E T O V A L J M R N C T G
D U T R I A N G L E E I K A
```

ARC	LINE
CIRCLE	OVAL
CONE	POLYGON
KONA	PRISM
CUBE	PYRAMID
CURVE	RECTANGLE
CYLINDER	RUND
EDGES	SIDE
ELLIPSE	SQUARE
HYPERBOLA	TRIANGLE

35 - Scientific Disciplines

```
B C H E K U C H E P E D Z A
B I R O B O T I C S T Q S B
V I O Y N B O T A N Y M O I
Y P O C N E G B F R G R C Y
Y F E L H C U G Q B O K I I
G U B P O E U R B R L S O G
O M Q J H G M K O W O J L E
L K F M P K Y I X L Z K O O
A N A T O M Y L S E O R G L
R E C O L O G Y L T X G Y O
E C H E M I S T R Y R S Y G
N M A C H A N I C S H Y E Y
I J O L O O Y I Z I F B W G
M M E T E O R O L O J I A D
```

ANATOMY	MACHANICS
CHEKUCHEPEDZA	METEOROLOJIA
BIOCHEMISTRY	MINERALOGY
BIOLOGY	NEUROLOGY
BOTANY	FIZIYOOLOJI
CHEMISTRY	ROBOTICS
ECOLOGY	SOCIOLOGY
GEOLOGY	ZOLOGY

36 - Science

```
F E P W W E B D H H C L N L
O V U T O B M A M I Z D A M
S O S I S E H T O P Y H T U
S L W N Z H V A T O A Q U O
I U Z V I R I M A Q V Q R P
L T E X P E R I M E N T E A
G I C H E M I C A L B D B R
D O H T E M N Y A N Z V I T
D N Y G C H O K W A D I M I
Q S P H Y S I C S Q I X F C
U U M A M O R E K U R U T L
Z V I P E N Y U R U K U M E
L A B O R A T O R Y G T O S
Q O W M I N E R A L S A E N
```

ATOM
CHEMICAL
MADZIMAMBO
DATA
EVOLUTION
EXPERIMENT
CHOKWADI
FOSSIL
MUKURU
HYPOTHESIS

LABORATORY
METHOD
MINERALS
MAMOREKURU
NATURE
ZVIPENYU
PARTICLES
PHYSICS
ZVIRIMA
NYANZVI

37 - Beauty

```
V G Z M A F U T A T K P O M
S T Y L I S T A E O U H C R
M A B A S A P S M E N O U Z
B V O R O R R I M L H T S E
C U Z M M R U R N E U O H S
N U B T J M N I U G H G A K
N C R O P A O Z H A W E M I
J Y N L D G R D P N I N P N
X W A Y S G E A S C R I O S
Z W I S Y A G G C E I C O B
M G Q Q H A I O G S R F N O
C O L O R A H O I O A K X M
Q V N O Y M C G N M V M L X
E L E G A N T C H A R M C I
```

CHARM	MIRROR
COLOR	MAFUTA
CURLS	PHOTOGENIC
ELEGANCE	CHIGERO
ELEGANT	MABASA
KUNHUHWIRIRA	SHAMPOO
NYASHA	SKIN
GADZIRISA	STYLIST
MASCARA	

38 - Clothes

```
G Y O E M Y N J K R G R A S
B U R U G W A E A U G E P E
R L T Y A W V A W C N T R Z
Z N X N T G U E E B K A O V
G Y J U A M G X O U S E N I
N S S L A D N A S Q H W T S
Y U N O I H S A F G A S C H
L T E A H M X C J O N H O O
B R A C E L E T A H G I A N
H I G M S J G L Q R U R T G
N K A V U C J C B Y F T V A
R S I V O R G A M X H L N K
N Z C V L P A J A M A S A J
A Q M I B F R J B E L T Z H
```

APRON	JEANS
BELT	ZVISHONGA
BLOUSE	PAJAMAS
BRACELET	BURUGWA
COAT	SANDALS
NGUVA	SCARF
FASHION	SHIRT
MAGROVIS	SHANGU
HAT	SKIRT
JACKET	SWEATER

39 - Ethics

```
K Z V I N O K O S H A I C M
U D I P L O M A T I C N J T
R K U V I M B I K A D D J Y
E C H O K W A D I S T I S T
M M U T S A K L X P U V K I
E C N E I T A P H U Z I U L
R A L T R U I S M G I D P A
E Z V I N O G O N A V U E N
D M O P T I M I S M I A R O
Z I U K U B A T A N A L E I
A S G N D V X N I W Y I K T
M V C U H N F U O V S S A A
L G O Z G U P H L L V M N R
C H I R E M E R E K O D W V
```

ALTRUISM
TSITSI
KUBATANA
CHIREMEREKO
DIPLOMATIC
KUVIMBIKA
MUNHU
INDIVIDUALISM
KUPEREKA

MUTSA
OPTIMISM
PATIENCE
UZIVI
RATIONALITY
CHOKWADI
ZVINOGONA
KUREMEREDZA
ZVINOKOSHA

40 - Insects

```
B T Y A W A M H A S H A T H
T U J L A Q P K D H T K E P
N L T T S W T H A K O M R Q
A E T E P A M D I L M J M K
E W L W R C R Q C D B R I O
B M C Y L F N O G A R D T B
M H A S H U L K J R B C E E
R Q L G Y L F Y E H E X Z E
O T I U Q S O M T Z E H S T
W N G B G A F Z A E L F C L
J A J Y V P P U V N Q C G E
D A A D M E W H R J T H G X
S C T A E N M Q A J N I M M
S U W L R T B R L X Y D S N
```

ANT	LADYBUG
APHID	LARVA
BEE	MHASHU
BEETLE	MANTIS
BUTERFLY	MOSQUITO
CIADA	MOTH
MAPETE	TERMITE
DRAGONFLY	WASP
FLEA	WORM
MHASHA	

41 - Astronomy

```
S U P E R N O V A K I Y N Y
E A S A T E L L I T E J F M
Z Z S N O S J T M D A U L S
D F L H E P O C S E L E T O
E R O C K E T L K R U X C G
S N O I T A I D A R B C J A
P Y M E K P V Z P R E L T L
I A I G T A U V N B N O G A
L N E H S E X O N I U Q E X
C O S M O S M K V T U Q B Y
E O I G D H R U B Y F D P K
C M R Z W D I O R E T S A S
P L A N E T W N Z O D I A C
L S H N K T U A N O R T S A
```

ASTEROID	ZVOKUONA
ASTRONAUT	PLANET
COSMOS	RADIATION
NYIKA	ROCKET
ECLIPSE	SATELLITE
EQUINOX	SKY
GALAXY	SOLAR
METEOR	SUPERNOVA
MOON	TELESCOPE
NEBULA	ZODIAC

42 - Health and Wellness #2

```
I  Q  B  D  G  K  S  Z  M  U  E  N  R  P
V  W  L  A  U  E  E  A  O  D  T  E  I  D
T  Z  B  M  P  R  N  R  O  Q  N  A  U  E
C  W  S  T  U  H  E  E  D  A  D  P  N  G
H  V  T  J  E  V  I  R  T  R  G  O  O  O
I  W  R  D  T  W  G  O  I  I  P  R  I  Q
P  M  E  U  I  Y  Y  P  A  V  C  S  T  C
A  A  S  R  T  G  H  U  Y  S  Y  S  C  H
T  S  S  E  E  R  E  K  M  U  V  S  E  I
A  S  W  M  P  E  Y  S  O  K  D  G  F  R
R  A  E  B  P  N  K  F  T  O  H  E  N  W
A  G  L  O  A  E  M  Z  A  I  C  B  I  E
P  E  I  R  O  L  A  C  N  O  O  B  D  R
V  I  T  A  M  I  N  O  A  H  L  N  X  E
```

KUSVIRA	UTANO
ANATOMY	CHIPATARA
APPETITE	HYGIENE
ROPA	INFECTION
CALORIE	MASSAGE
DIET	MOOD
DIGESTION	KUPORERA
CHIRWERE	STRESS
ENERGY	VITAMIN
GENETICS	UREMBO

43 - Time

```
T F J M G O R E N E G O R E R
R O W J A M I N E T I Q Z O
M D Q N V S G I Z D X C R S
W G U I U W I O K T A R Q Q
E N A P Z Z V K R Z V I N O
D H U S I K U F A E Y K O F
Z H G N G Q X Y O T A I O U
I N A N A W G N A M I H S T
H W N W H R B I H U V V Q U
C S A G N A T U K A P E S R
A G Z C K H D W R J O I R E
W P I P Y M A D E C A D E E
I U P Z U Y W S J E Z M N T
C A L E N D A R I P E M A O
```

GORE NEGORE	MINETI
PANE	MWEDZI
CALENDAR	MANGWANANI
ZANA	HUSIKU
WACHI	MASIKATI
ZUVA	ZVINO
DECADE	SOON
PAKUTANGA	NHASI
FUTURE	VHIKI
AWA	GORE

44 - Buildings

```
C E Z J N O B F L T N J C K
A M V M A A O F A P O B S W
S B O F Q M Z X B T B W L X
T A K S L E T S O H S T E A
L S U I S N T J R K W E T R
E S O F T I N R A B B K O A
Y Y N Q A C E L T F G R H T
C J A R M C M Y O D R A M A
E H N X Q Y T J R K Q M U P
T V I A I F R O Y G X R E I
T Z B K Q V A C R Y E E S H
E T A J O P P Q C Y P P U C
N E C Q W R F F E P D U M D
T X W P S X O U X T Q S J I
```

PARTMENT	HOTEL
BARN	LABORATORY
CABIN	MUSEUM
CASTLE	ZVOKUONA
CINEMA	CHIKORO
EMBASSY	SUPERMARKET
FACTORY	TENT
CHIPATARA	DRAMA
HOSTEL	TOWER

45 - Gardening

```
N N D A O M Z B L C U F E L
M H R A R A V S S H K I N K
V H A R M D I E L E A F Q R
U V H T B Z S A V I H S A M
R A C C E I I S I G H T N C
A T R I U M K O Y V P H A O
U M O T O A W N R R H A H M
B G Z O E M A A B U F U E P
W L F X P B T L X Y F Q Q O
R A O E F O B O U Q U E T S
U R Z S B O T A N I C A L T
H O D O S K U S V I R A L E
C L B H F O D B R P O T F L
V F C V X Z M Z T X E A S X
```

BLOSSOM	HOSE
BOTANICAL	LEAF
BOUQUET	UMOTO
MADZIMAMBO	ORCHARD
COMPOST	SEASONAL
KUSVIRA	MBEU
EXOTIC	IVHU
FLORAL	ZVISIKWA
MASHIVA	MVURA

46 - Herbalism

```
A M I R B F R I M U M S I R
M R N G A J E H O I I O N O
A C G F N I D N O B N V O S
R Y R T D N E I N Z V T B E
J A E G A O V R A E E C A M
O Q D L K G A I G G L A T A
R N I R S A L G E A T R S R
A X E G Q R M I R R R O I Y
M C N I O R A Z O L U M R Y
T S T J F A X P L I V A A F
B A S I L T F P O C A T T G
W S Y E S A F F R O N I P R
F L A V O U R Q B C V C J P
C U L I N A R Y T P K E Q R
```

AROMATIC   INGREDIENT
BASIL   LAVEDER
INOBATSIRA   MARJORAM
CULINARY   MINT
FENNEL   OREGANO
FLAVOUR   PARSLEY
RUVA   RIMA
BANDA   ROSEMARY
GARLIC   SAFFRON
GIRINHI   TARRAGON

47 - Vehicles

```
S T U Z L D G K Z F I J Y G
U U K S P I R P X N E W Y P
B E B I D W B P M U N R A C
H I Y M T R U C K E I O R O
X X U N A V A R A C G T E Y
R A F T G R F M V N N O T T
D T Q N N W I Q P A E M O R
S T Q U F X Y N C L A J O A
U N X T M Y T D E U J R C K
B D S P E X A N E B V R S T
W E Z B B K M W C M D B B A
A G C L W S C K N A L L O B
Y E H E L I C O P T E R A B
B O Y O J P Y Q R M D I T U
```

NDEGE
AMBULANCE
BOAT
BUS
CAR
CARAVAN
ENGINE
FERRY
HELICOPTER
MOTOR

RAFT
ROCKET
SCOOTER
SUBMARINE
SUBWAY
TAXI
MATYI
TRAKTA
TRUCK

48 - Flowers

```
D I H C R O U E J N U B B S
A H A V M U Z V Q Z J J Y U
N P O P P Y G W R E V O L C
D B M J F Y U A E A H V I S
E O P A B L J A D G P T L I
L U S S J A I R E M U L P B
I Q B M V F Z L V X S A O I
O U A I L O N G A M Q T A H
N E R N B S W D L C R E E X
Y T I E C K G P A P F P Q F
S U N F L O W E R I E E P Y
G A R D E N I A K L S O V M
T N D M H X P G A U R Y N D
A F T D G K F I V T V C M I
```

BOUQUET	LILY
CLOVER	MAGNOLIA
DAISY	ORCHID
DANDELION	PEONI
GARDENIA	PETAL
HIBISCUS	PLUMERIA
JASMINE	POPPY
LAVEDER	SUNFLOWER
LILAC	TULIP

49 - Health and Wellness #1

```
A K U S T U K W W E U I I K
L P H K H P Y H Q C M K N U
T H G I E H R W R V U B O Z
V Q Z N R M S E L C S U M O
C V L E A P A R U K H D O R
J H T D P O I A M D O M H O
G I I L Y I A R A Z N S A R
J T B R S G C W P Z G L M A
F C A N E C J G F N A E X P
D K H H B M V P U N R V E S
A C T I V E B I P U T H L Y
C L I N I C H A A L P I F N
D O T G P H A R M A C Y E Y
B A C T E R I A Y K V U R T
```

ACTIVE	MUSHONGA
BACTERIA	MUSCLES
MAPFUPA	NRVES
CLINIC	PHARMACY
CHIREMBA	REFLEX
KUTSUKA	KUZORORA
HABIT	SKIN
HEIGHT	THERAPY
MAHOMONI	KURAPA
NZARA	

50 - Town

```
B K C A V M S I B C V I A G
O M Y I T J T U C I N I L C
O R U R O Q O B K N A B C K
K S N P P A R Y L E T O H U
S T I O K H E J T M D O G R
T A V R R L A A J A P Z A U
O D H T I O C R B W T V L D
R I E E M E K Y M N X R L Z
E U S K V U O I O A L W E A
C M I R R H S D H I C I R M
N V T A D J A E T C T Y Y A
Z M I M I R A R U H B I A R
D Y H B A K E R Y M Q N F D
S U P E R M A R K E T V Q G
```

AIRPORT
BAKERY
BANK
BOOKSTORE
CINEMA
CLINIC
KURUDZA
GALLERY
HOTEL
RAIBHURARI

MARKET
MUSEUM
PHARMACY
CHIKORO
STADIUM
STORE
SUPERMARKET
DRAMA
YUNIVHESITI
ZOO

51 - Antarctica

```
P E N I N S U L A I C E M D
Y R X G I E K R M Z F F K S
R O A W K T I U Q N S C K I
K K G M H O G E T T N C Y A
R A E C Y D E X V A W I H K
Y M V O G I O P S O M F P I
R N U W I N G E B T C I A T
R O C K Y M R D A N X T R I
Z V I R H U A I Y M W N G A
V S H I R I P T I V Z E O K
M X A V R X H I R U Y I P A
O T G H M P Y O Q R W C O V
G L C I E R S N I A W S T Z
K U C H E N G E T E D Z A N
```

BAY
SHIRI
MAKORE
KUCHENGETEDZA
COVE
ZVAKAITIKA
EXPEDITION
GEOGRAPHY
GLCIERS

ICE
ZVIRHU
KUTAMIRA
PENINSULA
ROCKY
SCIENTIFIC
TOPOGRAPHY
MVURA

52 - Ballet

```
O Z Z I T A U R A E N B K Q
I N T E N S I T Y C L A C M
V S L Y U R K U T A U R A C
M A T V A N H U O R L I R O
U X T Y X A R N Z I X R T M
S A P E L R J Z X Z Y I S P
C C D H E E C I Z D V M E O
L I C U M R S R Z U X A H S
E T P Q U O E A S R R G C E
S S C R S Z V R Q T H N R R
K I K A I D X X I M Y U O A
P T I I C U L I H Z T T T G
L R A K L K M O E I H U O U
C A L Q R L J N E V M K D I
```

RUDZIRA
ARTISTIC
VATEERERI
COMPOSER
VANHU
KUTAURA
KUTUNGAMIRIRA
INTENSITY
MUSCLES

MUSIC
ORCHESTRA
ITAURA
KUDZORERA
RHYTHM
SKILL
STYLE
NZIRA

53 - Fashion

```
K W K V J B S B N U T H E T
K Q O A S H T O M G G X M R
Z Z Z T H U Y U R O U A B E
F V S I U T L T X R B O R N
I T I O F O E I M I F R O D
U S O N Z N D Q A G P E I Z
E I T I O I W U Z I O Y D I
U L S V Q T I E U N S I E N
Z A E Z V E E Z V A Q V R O
L M D G N A H D A L B Z Y D
A I O M A H V F I K K B P H
C N M G E N X A F K Y S M U
E I T Y D R T T C B A Z J R
G M K U N Y A R A D Z A N A
```

ZVINOTEDIKA   ZVIYERO
BOUTIQUE   MINIMALIST
BHUTONI   MAZUVA
NGUO   MODEST
KUNYARADZA   ORIGINAL
ELEGANT   ZVINOITA
EMBROIDERY   STYLE
INODHURA   TREND
LACE

54 - Human Body

```
N G O K O R A P T A F Q R I
I E C A F M A P F U P A O Q
K L C Q R X U R K L E G P D
S K D K M M V N K W X H A L
W N S R C Y J Z I X T O E D
H A E J O O Y D X R U O K O
F L R I R I H E E E F Y E R
P V Z G Z E L D O G N O B O
N Z E V E E D S O K R M U S
I W K N U N M U M W E J R U
B G R O Y K D I O W G D A M
A W C S Y V D E R H F M I W
S V C E P Q C B U E S G J D
S X C H I N S M M O C W P O
```

ANKLE	MUSORO
ROPA	MOYO
MAPFUPA	JAW
BONGO	KNEE
CHIN	LEG
NZEVE	MUROMO
GOKORA	NECK
FACE	NOSE
MUMWE	SHOUDER
RUOKO	SKIN

55 - Musical Instruments

```
R A C A M Y N M G G T T F C
L J T E A B M A W H W A L L
D J R L R M T B G M V M U A
S R X N I L O D N A M B T R
J A U R M A L P O T K O E I
Z T X M B U L I G R U U O N
H I P O A M E A M O S I B E
H G N G P M C N V M V N O T
V A G I D H I O N B I E V P
E V R J L O O J B O R W I X
V M U P Y X Y N A N A O O P
B A S S O O N A E E Z L L U
O F D O C Z H B M E I E I F
W L E L R Y Q Q L E T J N O
```

BANJO
BASSOON
CELLO
CLARINET
DRUM
FLUTE
GONG
GITAR
HARP
MANDOLIN

MARIMBA
OBOE
KUSVIRA
PIANO
SAXOPHONE
TAMBOUINE
TROMBONE
HWAMBA
VIOLIN

56 - Fruit

```
P E A R J F P E B U K E N A
J R V E P B A I E J I F E P
O A A Q A A O W R Z I K C P
K S U Y N N T J R C W Q T L
R P G D E A O G Y F I G A E
B B J C A N C M R D K B R V
M E U J P A I P E A I V I P
T R P Q P Y R W H L P V N C
O R R L L A P H C X W E E I
M Y G Y E P A H U P E A C H
K E S I U A A V O C A D O B
A N L P E P L X J O U U O P
I Q M O G N A M A Q L B V Q
Y Y T U N O C O C B F H T L
```

APPLE	KIWI
APRICOT	LEMON
AVOCADO	MANGO
BANANA	MELON
BERRY	NECTARINE
CHERY	PAPAYA
COCONUT	PEACH
FIG	PEAR
GRAPE	PANEAPPLE
GUAVA	RASPBERRY

57 - Engineering

```
C A Z N K E N E R G Y F E S
A W X O S T R U C T U R E Q
L K W I M C H I Y E R O E I
C A N S S A R A W A G U K H
U V M L R D G Y O D I D X T
L U O U E L I I E L N F D P
A K T P V I V A Y A N G L E
T V O O E Q T E M A F Y E D
I C R R L U V N D E Y R S Q
O B U P O I U G V W T F E G
N E L S O D I I F Y J E D R
M A C H I N E N Q U J W R K
D I A G R A M E U R T R X M
K U G A D Z I K A N A L H O
```

ANGLE	ENGINE
AXIS	MAGIYA
CALCULATION	LEVERS
KUVAKWA	LIQUID
DEPTH	MACHINE
DIAGRAM	CHIYERO
DIAMETER	MOTOR
DESEL	PROPULSION
KUGAWARA	KUGADZIKANA
ENERGY	STRUCTURE

58 - Kitchen

```
S K E T T L E Q Q V A P B Y
M P D F E X N S S R H Q E A
P T O C O M A P A N G A B V
N Y O N B R K F I R I J I D
E A F K G E K H S P O O N S
V A P A G E H S P U C F R K
O P H K V N E C I B U O J W
K R H X I P P N L E Y V S V
O O O U H N I V Z W M C C J
T N L D L J C O G W J F I M
I Z M R E Z E E R F J P I G
V J U G K H R R I H Q T W F
Z V U C M R X X L W O B M J
V X Q Q A Y L X L O K F H Q
```

APRON	KETTLE
BOWL	MAPANGA
ZVITOKO	NAPKIN
CUPS	OVEN
FOOD	RECIPE
FORKS	FIRIJI
FREEZER	ZVINHU
GRILL	SPONGE
JUG	SPOONS

59 - Government

```
N U P Y C N L V M V V K B O
N A A R I R I S I V Z U K K
L Z T A Q V V K Y X X T R U
E Y N I B Y I T T R X A O R
A C E X O Y C E R A G U R U
D A M G P N D K E E K R U R
E R U R U K U M B U U A K A
R C N P Y K Z A I N E S U M
K O O S T A T E L A N Y R A
V M M K O D Z E R O Z M U L
U E L E U X P T X M A B H I
A D V Z T G K O Y S N O W X
X R R P H U P L Z S A L Y S
U E S N R Z M K A Q M R G T
```

CIVIL	LIBERTY
DEMOCRACY	MONUMENT
HURUKURO	NATION
KUENZANA	RUGARE
KUZVISIRIRA	KODZERO
MUKURU	KUTAURA
KURURAMA	STATE
MUTEMO	SYMBOL
LEADER	

60 - Art Supplies

```
N D U S M E Z Z J Z E W L O
G N C R A R O K A M R Z X H
H W F G R E I N W D A E K D
K U H Q A G D I K U S E R G
U H B P S C P I U J E M S N
S B V B H U A C H D R Y W J
V I J I A S W J S N I W G X
I A G Z V C W X H E A S E L
R D D N W I F M B B H R J M
A C E E U L G A A X C H W M
R S L P C Y F F M P E P A B
U K B A Y R Z U K A M E R A
V R A M Y C P T G K H N D N
M F T G R A W A F Y L W P T
```

ACRYLIC
MABHSHUKWA
KAMERA
CHAIR
MARASHA
CLAY
MAKORA
KUSVIRA
EASEL

ERASER
GLUE
IDEAS
INK
MAFUTA
PEPA
MAPENZI
TABLE
MVURA

61 - Science Fiction

```
R O B O T S T Q Q A Z G D X
U T O P I A E T X A V H V W
F Y C V E L C A R O A R F F
X Y Z U K U H B A M K F U U
C I M O T A N K I P A A N T
P H Y W R K O U P Q N N G U
P L E X H I L P O H Y T I R
I Q A M O Y O U T G A A D I
Q Z A N I N G K S A N S Z S
M O T O E C Y A Y L Y T I T
L N T S V T A Y D A A I R I
C I N E M A R L J X M C A C
I L L U S I O N S Y R E G F
C H A K A V A N Z I K A W Y
```

ATOMIC	GALAXY
MABHUKU	ILLUSION
CHEMICALS	FUNGIDZIRA
CINEMA	CHAKAVANZIKA
DYSTOPIA	ORACLE
KUPUKA	PLANET
ZVAKANYANYA	ROBOTS
FANTASTIC	TECHNOLOGY
MOTO	UTOPIA
FUTURISTIC	NYIKA

62 - Geometry

```
E P L E L L A R A P X I D H
T S A N O I S N E M I D I C
P T N E M G E S G G H T A A
O D D L E V R U C L H J M L
H X D X D M W X T S E W E C
V E A A I S Y E I L R K T U
R L I I A S U R F A C E E L
V C V G N A P G T V N T R A
G R T N H M M A T E U Z I T
N I Z Q Y T I G A C M K I I
N C D Z I D Z I S O B M J O
H O R I Z O N T A L E M Y N
J Z L O G I C K K G R Y B S
E Q U A T I O N U H F M B Y
```

ANGLE	LOGIC
CALCULATION	MASS
CIRCLE	MEDIAN
CURVE	NUMBER
DIAMETER	PARALLEL
DIMENSION	SEGMENT
EQUATION	SURFACE
HEIGHT	SYMMETRY
HORIZONTAL	DZIDZISO

63 - Creativity

```
P A A O J K N Z E T Z P Y M
K U F U M I R A V G O V Y A
Z C H O K W A D I I G N E N
Y I A O Z P R R T K O F T Z
T T M S Q S U E N R M N S W
K S I D L T A D E P E K O A
C I D R G E T R V R A Q G R
E T X K A C U A N O M B C O
B R B F S L K M I D E A S E
I A K L I E C A D W K Z J J
S K I L L F K T T H D J Q C
O Z B Z E N O I T I U T N I
K U F U N G A C K X H O E L
S E N S A T I O N F I P Z Y
```

ARTISTIC
CHOKWADI
CLARITY
DRAMATIC
MAEMO
KUTAURA
MANZWARO
IDEAS

KUFUNGA
KUFUMIRA
INTUITION
INVENTIVE
SENSATION
SKILL
ZVIONO

64 - Airplanes

```
A  I  R  P  E  N  I  G  N  E  J  H  N  A
D  S  C  E  N  T  H  E  O  S  W  E  R  C
H  D  C  D  O  R  K  O  P  O  C  I  X  C
I  Z  B  U  O  B  M  S  R  Q  M  G  W  I
K  I  A  T  L  D  L  F  L  O  P  H  H  M
P  N  N  I  O  E  M  L  K  C  O  T  F  P
I  I  Q  T  B  I  X  R  S  B  K  N  P  A
L  K  J  L  E  U  F  O  K  N  U  D  D  Q
O  I  Z  U  Z  E  D  G  Y  X  V  E  V  O
T  A  D  V  E  N  T  U  R  E  A  S  O  L
J  S  Z  K  U  M  A  S  H  A  K  I  W  F
A  T  M  O  S  P  H  E  R  E  W  G  E  B
P  A  S  S  E  N  G  E  R  G  A  N  O  M
H  A  Y  I  D  R  O  G  E  N  I  R  Z  B
```

ADVENTURE	FUEL
AIR	HEIGHT
ULTITUDE	NHOROONDO
ATMOSPHERE	HAYIDROGENI
BOLOON	KUMASHA
KUVAKWA	PASSENGER
CREW	PILOT
DSCENT	SKY
DESIGN	DZINIKI
ENGINE	

65 - Ocean

```
J E L L Y F I S H F M O X R
C F U N S V G B P A G Y Q J
S E D L S S J E Y X N S Y Q
O C E H T U U A Q V U T E K
J L E D O L P H I N H E W Z
M I W G U M U N Y U P R K S
B B A S P O N G E A P G M V
V N E E H T Z Z K R A H S W
B G S U P O T C O E B G A H
D L W J M T U N A E A F F A
B U V R I U U Y L F R G M L
G L T K R G L A R O C Q L E
F B R U H O V E T I D E S A
Q G M X S S C D E L T R U T
```

ALGAE	MUNYU
CORAL	SEAWEED
CRAB	SHARK
DOLPHIN	SHRIMP
EEL	SPONGE
HOVE	DUTU
JELLYFISH	TIDES
OCTOPUS	TUNA
OYSTER	TURTLE
REEF	WHALE

66 - Birds

```
N L S T R O O S E S O O G S
T J C P R T W I Z P W O G U
O G I S A O P R W I X A E P
U H U V K R K O J O J H N T
C H K K A M R J E Q U A A G
A C U C K O O O X G Z H C R
N I H N C J T B W E N D I S
C R O W O A S Y J K O H L Q
J T U G C W M O C N O R E H
B S T L A Q P P M B L I P X
Q O X E E C A N A R Y O O Q
Z N X K P F L A M I N G O J
P E N G U I N P A R R O T F
A X S S T E M V E U Z G F H
```

CANARY	HERON
HUKU	OSTRICH
CROW	PARROT
CUCKOO	PEACOCK
NJIVA	PELICAN
DHAHA	PENGUIN
GOGO	SPARROW
EGG	STORK
FLAMINGO	SWAN
GOOSE	TOUCAN

67 - Nutrition

```
L Z V I N O R U V A D Z T N
O I M A P R O T E I N S B F
B D Q K T C D O T O X I N L
K I M U E N K Z N Q C B T A
J G A V I Y B D V A W E E V
V E K Q D D D U V Z T D D O
I S I B C I S R Y O W U A U
T T Y A R E R A K A V Z P R
A I D L Z P K S R P A R P U
M O O A S I R I V U K S E R
I N N N U I M V Y H N A T E
N B I C X S Z Z Z W E U I M
V W V E Q U A L I T Y C T B
M L Z V I N H U C T E E E O
```

APPETITE
BALANCE
ZVINORUVA
ZVISARUDZO
DIET
DIGESTION
ZVINODYIKA
KUVIRISA
FLAVOUR
UTANO

LIQUIDS
ZVAKARERA
MAPROTEINS
QUALITY
SAUCE
ZVINHU
TOXIN
VITAMIN
UREMBO

68 - Hiking

```
P M C K U G A D Z I R I R A
I V M L G N I M M H U K A Y
R U A G I S Q A S U M M I T
F R T X Y F S D X A I S U N
Z A W C F Q F Z N A T U R E
H V E J T W Y I Z D O J N N
S A I K I N T M G H D N T T
K Y G N O I T A T N E I R O
R A F I O I M M W U M A P N
A E M M M R M B I O B T V U
P U N P C E E O L V O N Y K
A M V H I I T R D U K U H B
M F G H H N O R A E H O S N
K U T A K A G H Z L Q M B W
```

MHUKA	ORIENTATION
BHUKU	PARKS
KAMPING	KUGADZIRIRA
CLIFF	MATWE
MADZIMAMBO	SUMMIT
NJODZI	SUN
ZVINORERA	KUTAKA
MAP	MVURA
MOUNTAIN	WILD
NATURE	

69 - Professions #1

```
M G P E R O L I A S G B L P
U I Y S O Q U H L Q G A A L
D F R R L H U N T E R N W U
Z H P U I C O A C H E K Y M
I V Z N A Y N N T J L E E B
M G M H T B V Z T N E R R E
A M W U U U M N S E W E C R
I R V E I T T E L X E C Z E
M S N F T M H R R C J N D K
O G H G M A B T S I N A I P
T E D I T O R I Q M H D O I
O A M B A S S A D O R C G P
C A R T O G R A P H E R J I
V E T E R I N A R I A N S Z
```

AMBASSADOR	JEWELER
GWETA	LAWYER
BANKER	MUIMBI
CARTOGRAPHER	NURSE
COACH	PIANIST
DANCER	PLUMBER
CHIREMBA	SAILOR
EDITOR	NYANZVI
MUDZIMAI MOTO	TAILOR
HUNTER	VETERINARIAN

70 - Barbecues

```
X F F C E H L P I W Y J V F
C M U R I W O S C Z P L J R
I L M A V F J E C U A S D U
S A M U N Y U O E O Y U C I
U H K M H V K T K U D Y A T
M Z A C O A Z A Y I U I C M
J I Q M T N F M L L K M G H
V H S N W A F O A G O I R U
T Z G A F A X T R I V T I R
H U K U L A R I A K Z A L I
H S B A F A G I Z A S M L A
K M Q Z J Q D F N X R B Y O
M A P A N G A S A W R O Y J
V E K P P A V T M T M T R T
```

HUKU	HOT
VANA	NZARA
KUDYA	MAPANGA
MHURI	MUSIC
ZVOKUDYA	SALADS
FORKS	MUNYU
SHAMWARI	SAUCE
FRUIT	ZHIZHA
MITAMBO	TOMATOES
GRILL	MURIWO

71 - Chocolate

```
C E S Z V I N O R U V A C I
O X U K C I Z R B Y J K A C
C O G U S A S Z X A D A C A
O T A R T W R K U Y W N A L
N I R A U V E A J S Y O O O
U C V V N P T E M P T N S R
T X A I A E I E T E I I Z I
R L Q R E M R V C G L V Z E
Z K U A P J O R V I A Z A S
E I T I W I V Z E L U F D Q
S E R U O V A L F C Q I B M
N L H Z O E F K H P I A H W
I N G R E D I E N T B P R Y
A N T I O X I D A N T V E U
```

ANTIOXIDANT
ZVINORUVA
CACAO
CALORIES
ZVIWITI
CARAMEL
COCONUT
ZVINONAKA
EXOTIC

FAVORITE
FLAVOUR
INGREDIENT
PEANUTS
QUALITY
RECIPE
SUGAR
SWEET
KURAVIRA

72 - Vegetables

```
V S B F Z T C C T R W L T H
N J U T S S C A E P P H U A
G F F O I A U U I D I N O N
W O Y L J N M L Y U N Z G Y
C O E L Z G B I T O R A K A
S A L A D A E F R N U W N N
S G S H T M R L T A T O T I
P A R S O I Q O A Z D H X S
I R A I M D W W K N E I A I
N L P J A Z C E Q W N K S U
A I H R T I Y R E L E C S H
C C I J O Z B R O C C O L I
H Q A R T I C H O K E T M N
M A P U N G U V A Y B P K W
```

ARTICHOKE	HANYANISI
BROCCOLI	PARSLEY
KAROTI	PEA
CAULIFLOWER	MAPUNGUVA
CELERY	RADISH
CCUMBER	SALAD
ZANO	SHALLOT
GARLIC	SPINACH
TSANGAMIDZI	TOMATO
HOWA	TURNIP

73 - The Media

```
L C O X N D C D K I T L L W
L G R J E E Z I I T O N O P
V R E U T D U I S G A O C M
Z C N O W I A N D R I I A E
F V O T O T M I A Z O T L N
V W A P R I E Z J K O A A I
Z K M K K O R A U Z I C L L
W I G H A N W G Z R D I Z N
T P T L H I R A M L A N P O
P U B L I C T M Y Z R U F B
Z L Z L I J N I H Z A M Y O
I N D U S T R Y K P P O Q L
N I Q N E O N U F A M C T U
Z B I N T E L L E C T U A L
```

MAONERO	LOCAL
COMUNICATION	MAGAZINI
DIGITAL	NETWORK
EDITION	MAZHINJI
DZIDZO	ONLINE
ZVAKAITIKA	MAFUNO
MARI	PUBLIC
INDUSTRY	RADIO
INTELLECTUAL	

74 - Boats

```
T S A M F I S E A K X G P E
H G A B S E A K A Y A K R J
C I Z I W R O A A E D B Y Y
A C C G L Y N L L H E P J O
Y R R E F O J X L R A F T C
N E A O N U R E P I L V S E
A W H N T B C D B W N E A A
U B J A C L C I O B U N I N
T P D C W H J T B C P G L V
I R B X C U O X M I K I B E
C B Z U Z I L R A W L N O Z
A F D S M D B N T J B E A O
L B D M Q X A I Z T M O T R
V U S Z C G Y W X Z R C N M
```

ANCHOR
BUOY
CANOE
CREW
DOCK
ENGINE
FERRY
KAYAK
LAKE
MAST

NAUTICAL
OCEAN
RAFT
RWIZI
TAMBO
SAILBOAT
SAILOR
SEA
TIDE
YACHT

75 - Activities and Leisure

```
K U S H A M B I R A B S K T
V E K F C D P P O D A O U G
O L L A B E S A B N S C F R
L N D D M K B W M A K C A K
L B F N T P U X A P E E M U
E X R A K K I D F U T R B R
Y W A B U B U N Y K B X A E
B H I A R H S S G A A L T R
H R G M E D Q I U P L E P A
O X N I D J J N A R L F N X
R J I R Z D X N R S F H J E
A T X U A X S E T B L I V D
Q Q O K D L N T F H O Q N X
H O B I E S H R M J G B H G
```

ART
BASEBALL
BASKETBALL
BOXING
KAMPING
KUDYA
KUREDZA
KURIMA BANDA
GOLF
KUFAMBA

HOBIES
KUPANDA
KURERAXED
SOCCER
KUSURFING
KUSHAMBIRA
TENNIS
FAMBO
VOLLEYBHORA

76 - Driving

```
I W C L I K I H D U H T U M
L E N N U T J M Q V B R N K
F V Q O L E U F Q E G A J S
R H M I W E S U B N A F O A
V Y A J Z R P N P K R F D L
E R P A R T S B E E A I Z X
K C U R T S Q P L C J C I L
Q P R M O T O R E N I M A P
V T I Z O G N T U E Z L K J
O Y S A G Q W H W X D Z A D
F L A M U T Y A I R I A E G
I B X C A R K V A Z U W O M
M A B R A K E C A Z J I X R
A D C M T K F T B H F K Q V
```

NJODZI
MABRAKE
BUS
CAR
NGOZI
MUTYAIRI
FUEL
GARAJI
GAS
LICENSE

MAP
MOTOR
MUTHUDHIKI
MAPURISA
ROAD
SPEED
STREET
TRAFFIC
TRUCK
TUNNEL

77 - Professions #2

```
T D Q O Z D I N A N A F U M
N E T O X E L I N G U I S T
C T U A H N E W I R O T U M
H E A Y O T S I M E H C C I
I C N P U I V B V Q P R I N
R T O M T S W L Y I H D R V
E I R U Q T T N S T Z O I E
M V T R E N E D R A G U B N
B E S I E U H P Q D D U M T
A F A M R E E N I G N E A O
Y P R I J E J K K L R W V R
M U B H I B H A R I O B U W
Q P A I N T E R K U O T M G
I M P Y M U O N G O R O R O
```

ASTRONAUT   MUTORI WENHAU
CHEMIST   MUBHIBHARI
DENTIST   LINGUIST
DETECTIVE   PAINTER
ENGINEER   MUZIVI
MURIMI   MUFANANIDZO
GARDENER   CHIREMBA
INVENTOR   PILOT
MUVAMBIRI   MUONGORORO

78 - Mythology

```
F Z T I Z D O J N T H M C A
O W A W J V K U T X U O H R
M H E N I K I H X M L N I C
V A M W A R I N E J R S S H
H T W W J B H Y O R A T I E
X H A K R G D E D T O E K T
K D Z P I A W U O H E R W Y
J L O K G S E X G F I N A P
M O R T A L U L W S O F D E
T V I T F C J K B A C Y Y A
S I T D A L A B Y R I N T H
I Y I I S L E G E N D A V D
K R A W U R E V E N G E S V
A M M J K K U D E N G A V R
```

ARCHETYPE   HERO
MAITIRO   KUSAFA
ZVINOTENDA   GODO
KUSIKWA   LABYRINTH
CHISIKWA   LEGEND
TSIKA   MHENI
VAMWARI   MONSTER
NJODZI   MORTAL
KUDENGA   REVENGE

79 - Hair Types

```
H V K Q C P C H C D V C P O
B Y N U F N N C U F R U F L
G B H H K O P O L R T Y U S
I A E D N O L B Y K L W P H
R L M L R N R C U R L S I I
E D A S A A S A K B M D M N
Y T B Z V T J E R H U I X Y
I L O N G U F D J U T A P J
C H E N A L X O V R E R B Y
A K A R U K W A S A T B S F
C O U R E D W E E W E E J T
Y L N F K B B M T U K P W E
X N K R C S H K J N T Z O P
R J P L D M Z C O I Z I M E
```

BALD	GIREYI
NHEMA	UTANO
BLOND	LONG
AKARUKWA	SHINY
BRAIDS	PFUPI
BHURAWUNI	SOFT
COURED	KUKORA
CURLS	MUTETE
CULY	CHENA
DRY	

80 - Garden

```
E X L U I K D F N Z Z D F R
F F E Y C G R A S S J G Q A
H K C O M M A H V J I R S K
B O Z X P R H C T U H V I E
U R S M O E C N E F R N T G
S O J E N C R E V M L L U P
H H G R D A O B C G V L M K
V S M U N R D G A R A J I B
M O R Y O R A N L P R N P W
M F H R T E K K A B O G K B
U Q Z S P T S L P B S Y N N
T S A N G A D Z I K A T N J
T R A M P O L I N E M X V Y
V A N D A R A I R S R J E V
```

BENCH	ORCHARD
BUSH	POND
FENCE	VANDARA
RUVA	RAKE
GARAJI	FOSHORO
BANDA	IVHU
GRASS	TERRACE
HAMMOCK	TRAMPOLINE
HOSE	MUTI
TSANGADZI	MASORA

81 - Diplomacy

```
H U R U K U R O Z Q K A I L L
A M B A S S A D O R U D J D
C O M U N I T Y P H K V U C
D I P L O M A T I C A I Y D
K V R A E T H I C S N S C K
K A N A T A B U K E G E I A
M T L Y G M U H P Y A R V K
E K Y S S A B M E I N G I U
J R H R T R V P S S A Q C P
R N O I T U L O S I N I M E
C H I S A R U D Z O A H Y R
B I L P A U T R E A T Y B E
L V M H D K S A Z R X F R K
H U R U M E N D E W M A V A
```

ADVISER
AMBASSADOR
VAGARI
CIVIC
COMUNITY
KUKANGANANA
KUBATANA
DIPLOMATIC
HURUKURO

EMBASSY
ETHICS
VAMWE
HURUMENDE
KUPEREKA
KURURAMA
CHISARUDZO
SOLUTION
TREATY

82 - Countries #1

```
K O V H E T I N A M U U L F
F A Y I H V I T A R I F F X
I M N I N D T N O D P R I Z
N A O A C N J E R I M A N I
I N C I D Q I N A I B W Z D
R A H R P H R O G Z H U M N
E P V A J E A W E I U G R E
N S P K I K T E N R R A I R
D G P I J W I Y E A A R B O
I Z F E F R N I S Y Z A H P
E Z A T I P I J I E I K I E
N H A Y I N A M O R R I Y J
M O R O K O I P M I I N A K
V H E N E Z W E R A Y T R W
```

BHURAZIRI
KANADHA
IJIPITA
FINIRENDI
JERIMANI
IRAKI
IZIRAYERI
ITARI
RATIVHIYA
RIBHIYA

MOROKO
NIKARAGUWA
NOWEYI
PANAMA
PORENDI
ROMANIYA
SENEGARO
SPEINI
VHENEZWERA
VHETINAMU

83 - Adjectives #1

```
C K R C S G Y W S N I A K M
Q Y U I T R E T E H D B U E
Y X A Y M E U C R M E S B F
U C R Z E A E C I D N O A U
R W E L V D J Q O B T L T J
F A R A Z I Z X U S I U S A
X C O S X G N A S U C T I M
P I N M R R W O L S A E R B
M T I C R C K K K Z L Q A I
A S V D C I T A M O R A Y T
Z I Z O R T W N P H S X B I
U T S E N O H U D G M H M O
V R S S G X H R R U P O A U
A A H P P E T E T U M U C S
```

ABSOLUTE
AMBITIOUS
AROMATIC
ARTISTIC
KUYEDZA
RUNAKO
RIMA
EXOTIC
RUPO
FARA

ZVINORERA
KUBATSIRA
HONEST
IDENTICAL
ZVINOKOSHA
MAZUVA
SERIOUS
SLOW
MUTETE

84 - Technology

```
U T A C H I O N A R C B K I
R E S W O R B N X J O O U N
J E W T G R G O C N M Z C T
B L O G A R E M A K P D H E
V I K R J T O I P Q U I E R
N F C F R A I V Z A T R N N
M A S H O K O S O H E I G E
D A T A S G Y E T N R K E T
S N E E R C S T H I J A T M
K N O D U U N Y Z E C V E B
C N C N C Q F B E Q O S K T
V I R T U A L D L L L T A P
Q D B J S O F T W A R E F D
D I G I T A L X N M V O N G
```

BLOG	INTERNET
BROWSER	MASHOKO
BYTES	TSVAKIRIDZO
KAMERA	SCREEN
COMPUTER	KUCHENGETEKA
CURSOR	SOFTWARE
DATA	STATISTICS
DIGITAL	VIRTUAL
FILE	UTACHIONA

85 - Landscapes

```
V T W Y A Q D S E R Y L C P
D R R E S Y E G W C Y O J E
W W F E D M W H C A E B H N
I I O A S I S C M R M J I I
C Z N E W E I K V D R P L N
E I A S T R D I U N D V L S
B W C B P R O T R U B E K U
E S L L G U G K A T U E N L
R Y O S N B U Q A C U Q P A
G T V J M O M E U B J N F W
D T L M O U N T A I N W O I
B N A E C O Z K R P V E F I
R N K S Q K F T G O I N L H
J R E C A L G N T G D L Q C
```

BEACH	OASIS
BAKO	OCEAN
DESERT	PENINSULA
GEYSER	RWIZI
GLACER	SEA
HILL	SWAMP
ICEBERG	TUNDRA
CHIIWA	MUGODI
LAKE	VOLCANO
MOUNTAIN	MVURA

86 - Visual Arts

```
L X V V I P E Y R U O W T Z
A R T I S T O L J D Z A F Z
S T E N C I L R A P D X D J
M C M Y V A A G T F I L M W
A O A R I V S U K R N L P E
S M O H F L T B B C A X L A
T P N Q J V Y W L N I N S T
E O E T K L A H C A A Z T E
R S R M U M D G M Y F N R L
P I O L P M Z J V D U E X V
I T H Y A H S A R A M P Z Q
E I B A N M S I K L P B B C
C O I E D A L H Q O T E M G
E N A M A Y N A Y N U K N O
```

ARTIST   KUPANDA
CHALK   PEN
MARASHA   PENZI
CLAY   MAONERO
COMPOSITION   MUFANANIDZO
KUSVIRA   PORTRAIT
EASEL   KUNYANYA
FILM   STENCIL
MASTERPIECE   WAX

87 - Plants

```
I S T E M S D J H M F K M L
A V U R F S B C Y O Z U A D
D P Y R R E B A C S D R S N
N S N A E B C R M S Q I H O
A L A T E P R O D B F R I S
B V T O O R X L J V O A V A
X R O A P P F N F O O A N
T D B F E R T I L I Z E R G
U G J W H G Q E G G D N E O
B C P K G N X T R L W F Z B
A U A V P N W S A W K L E R
O F S U T C A C S M U T I Q
I M G H U R R C S W B C Q J
D Z M O C O M Q O Y F C E V
```

BAMBOO   SANGO
BEAN   BANDA
BERRY   GRASS
BOTANY   IVY
BUSH   MOSS
CACTUS   PETAL
FERTILIZER   ROOT
FLORA   STEM
RUVA   MUTI
MASHIVA   KURIRA

88 - Countries #2

```
A Y I R E H B I A R O M X H
J R N A I J E R I Y A I Q E
A D U H A I T I R W J N A U
M M N B N E P A R O L O Y G
A I N A H D U S D B O N I A
I D K I N A T I S I K A P N
K O H H C U N S D N S H O D
A A K E Q U A I U A O B Y A
Y R G I N T K R Y P M E I Y
I Y K L S I D I S A A R H I
R A Y O S I M G Q J R V T H
I O M R I Q K A Q X I Q I S
S R V V V S Y E K G A G U A
U K I R E N I D M I O N M R
```

ARUBHANIYA	MEKISIKO
DHENIMAKI	NEPARO
ITHIYOPIYA	NAIJERIYA
GIRISI	PAKISITANI
HAITI	RASHIYA
JAMAIKA	SOMARIA
JAPANI	SUDHANI
RAYOSI	SIRIYA
REBHANONI	UGANDA
RAIBHERIYA	UKIRENI

89 - Adjectives #2

```
L C I Y U F S N U H W A N N
P R O U D S X N A O C N A Z
N O S J I E U A W T W H T A
Z E L B I S N O P S E R U R
O W W S I M B A M C W Z R A
U T A N O F B H Q A A V A J
V A K A R A R A L W F I L D
D Z V I N O F A D Z A P K E
W R G Q M Y Y N Z W M O U L
I T Y Q P K T L T X U H S E
L I V G J L F P Z N N P V G
D T E J T S L L F K Y V I A
P R O D U C T I V E U L R N
B F I D C H O K W A D I A T
```

CHOKWADI   NATURAL
KUSVIRA   NEW
DRY   PRODUCTIVE
ELEGANT   PROUD
FAMOUS   RESPONSIBLE
ZVIPO   MUNYU
UTANO   VAKARARA
HOT   SIMBA
NZARA   WILD
ZVINOFADZA

90 - Psychology

```
S E N S A T I O N Q Z A X Q
K D A M B U D Z I K O V R R
K U Z V A K A I T I K A F H
K U O F M I D E A S O E Z D
T Q G N O I T I N G O C G U
P H Z A G M A E M O P V L K
D I E O D O R Q I V F Y T V
R D U R D Z R U R L U T K J
M A W I A A I O R E N O A M
U W A T C P D W R X G Z F L
N K N I C T Y J A A W P S D
H O A A N A N A G N A K U K
U H T M E G O T O R I V Z M
R C L I N I C A L Y U Y B F
```

KUGADZIWA
KUONGORORA
MAITIRO
UWANA
CLINICAL
COGNITION
KUKANGANANA
ZVIROTO
EGO
MAEMO

ZVAKAITIKA
IDEAS
MAONERO
MUNHU
DAMBUDZIKO
CHOKWADI
SENSATION
THERAPY
PFUNGWA

91 - Math

```
G E O M E T R Y F O T L I C
S R R D E C I M A L R E Q I
L A V E Q T F J D A I A U R
D U S O C R E T E M A I D C
Y Q D K L T F L W A N H I U
R S C V D U A X G R G P P M
A I L N U R M N I G L O E F
A N G L E S T E G O E L R E
E X P O N E N T L L A Y I R
P A R A L L E L Q L E G M E
S Y M M E T R Y S A K O E N
V C I T E M H T I R A N T C
W O K E S N O I T A U Q E E
C H I K A M U Z S P P U R A
```

ANGLES   PARALLEL
ARITHMETIC   PARALLOGRAM
CIRCUMFERENCE   PERIMETER
DECIMAL   POLYGON
DIAMETER   RECTANGLE
EQUATION   SQUARE
EXPONENT   SYMMETRY
CHIKAMU   TRIANGLE
GEOMETRY   VOLUME

92 - Water

```
E N A M M H B E N L W R M T
O C E A N S U E H A A S A G
T H C E O M N R G K X L F V
O O I T O K A O I E G I U Y
M B C S S W F W C W P N G
U P K V N D O F A T A Y G E
S L C R O I S U V S T N U Y
H S A W M T N T T O H T E S
A W N K U D I R I R A A D E
S V A Y W X Z T J F G L M R
H J L S Y T I D I M U H H O
A I F L L D W K Y A P A Y D
K N O I T A R O P A V E C D
K U N Y O R O V A M V U R A
```

CANAL	LAKE
KUNYOROVA	UMOTO
EVAPORATION	MONSOON
MAFASHAMO	OCEAN
FROST	MVURA
GEYSER	RWIZI
HUMIDITY	SHASHA
HURICANE	SNOW
ICE	STEAM
KUDIRIRA	MAFUNGU

93 - Activities

```
K S K K U R I M A B A N D A
A I K U R H O I G V Z C A D
M Q U K Z M A G I C D R C O
P X F U Q O T C D F E A T N
I P A F R Z R K J Z R F I I
N K R A Z D A O U D U T V V
G U A M P I K G R S K T I Z
N V H B V N Z U L A O S T K
I E C A R A E K T Q N N Y U
T R W Q O N V T I A H J A T
N E O B M A T I M R U L U A
U N H B U F S K I L L R S N
H G O F B U O P F U C T A Z
P A M V Q M K U P A N D A A
```

ACTIVITY	ZVINODA
ART	KUTAURA
KAMPING	MAGIC
CRAFTTS	KUPANDA
KUTANZA	MUFANANIDZO
KUREDZA	KUFARA
MITAMBO	KUVERENGA
KURIMA BANDA	KUZORORA
KUFAMBA	KUSONA
HUNTING	SKILL

94 - Business

```
P G I I X P B W L M I M B P
C H Y L N Q P G L U N U U G
C O F A C T O R Y S C S D F
M U M O J S H Q E H O H G E
V A R P P O S M S A M A E C
Y E N R A C P A I N E N T O
I O E A E N G R D D Y D I N
S A L E G N Y I N I F I H O
I R N K U E C D A S U Y L M
F T A X E S R Y H I N B G I
O X U Z R D I S C O U N T C
H Y C A R E E R R P M W R S
F I N A N C E O E E Y L Q G
J W I N V E S T M E N T R G
```

BUDGET	FINANCE
CAREER	INCOME
COMPANY	INVESTMENT
COST	MANAGER
CURRENCY	MERCHANDISE
DISCOUNT	MARI
ECONOMICS	HOFISI
MUSHANDI	SALE
MUSHANDISI	SHOP
FACTORY	TAXES

95 - The Company

```
K U S V I R A R R Z B K E Y
J N G K D T Z E E V U C H W
C S H L S H D V S I S G X Y
U N I T S I U E O N I D Y L
M J Y D L S R N U O N B A J
P H W V H A A U R G E L P W
R H U N C I S E C O S S R A
O T Y R Q H U Z E N S V O B
D R W L I Y K L S A H K G A
U M I E I N D U S T R Y R S
C E Y T I L A U Q J P S E A
T X E V I T A V O N N I S J
C N O I T A T U P E R C S X
H K S T N E M T S E V N I W
```

BUSINESS
KUSVIRA
KUSARUDZA
BASA
INDUSTRY
INNOVATIVE
INVESTMENT
ZVINOGONA
MHURI

PRODUCT
PROGRESS
QUALITY
REPUTATION
RESOURCES
REVENUE
RISKS
MAITIRO
UNITS

96 - Literature

```
M H E D Z I S O V P M T N S
G D A N E C D O T E A L A F
V E M Y H R A Y I A F V R I
X S P K W T N F N U X R C
X C G R O H T U A V N Q A T
N R D O L E V O N N O O T I
H I I H X M D R K K A Y O O
E P A P C E E I L A X F R N
T T L A C B L R B R F O U W
E I O T K T G U S T Y L E K
M O G E J C H A N A L O G Y
B N U M X J E H N J O D Z I
O X E H P W J N R H Y T H M
O N G O R O R O G N D O U W
```

ANALOGY	NHAURIRO
ONGORORO	NARRATOR
ANECDOTE	NOVEL
AUTHOR	MAFUNO
KUFANANA	NHETEMBO
MHEDZISO	RHYME
DESCRIPTION	RHYTHM
DIALOGUE	STYLE
FICTION	THEME
METAPHOR	NJODZI

97 - Geography

```
N R K M G Y C Y W B P C R R
F W S A L T A D A Z F H E G
M I E W G I W F L N N A G F
J Z R O S C I B B N M M I Z
M I E D U T I T L U O H O E
E J H Z L O H Z K D U E N T
R N P A M A C U E Q N M H E
I Y S N E F T E E F T B M R
D I I Y E Q X I A L A E U R
I K M E U W U U T N I R X I
A A E M P M E A V U N Y L T
N K H B X N S U T T D Q S O
S Q E A N A I R R O X E E R
C O N T I N E N T I R K A Y
```

ULTITUDE
ATLAS
CITY
CONTINENT
NYIKA
EQUATOR
HEMISPHERE
CHIIWA
LATITUDE
MAP

MERIDIAN
MOUNTAIN
MAWODZANYEMBA
OCEAN
REGION
RWIZI
SEA
CHAMHEMBE
TERRITORY

98 - Pets

```
M E E G T F E B L V O L M O
G B H D V A C D Q S L I A T
B L U C A T M O U S E Z K T
V C Y D V Y H O R Q B A O Y
V O L P Z H O F N O Z R R P
I W Y X L I V B N H R D A P
C O L L A R E X E B N S Y U
T N G U R E V S T E K U T P
O U D N U M V W T P S J Z A
N G R J V C V S I M B W A R
W V Y T M V O L K T B W L R
O Z R F L Z G C V U J H W O
D Q G K R E T S M A H X T T
V E T E R I N A R I A N A L
```

CAT	LIZARD
MAKORA	MOUSE
COLLAR	PARROT
COW	PUPPY
IMBWA	TSRORO
HOVE	TAIL
FOOD	TURTLE
MBUDZI	VETERINARIAN
HAMSTER	MVURA
KITTEN	

99 - Jazz

```
C O M P O S I T I O N X M N
I M P R O V I S A T I O N B B
O L D D V S Z L N B M P M E
N X T Q Y K Q G X B V U U N
S O R C H E S T R A F A B Z
K U S I M B I S A M Z L L I
R S U E H F B I N G O M A Y
U T O M T I T T V F W S O O
D Y M U Y I T R E C N O C L
Z L A S H C R A T A L E N T
I E F I R E S O P M O C N Y
R V N C H A H N V U R N K Z
A R I Z N R E D F A C E Z J
Z F O Q O Z M M D S F W W D
```

ALBUM
RUDZIRA
ARTIST
COMPOSER
COMPOSITION
CONCERT
NGOMA
KUSIMBISA
FAMOUS
FAVORITES

IMPROVISATION
MUSIC
NEW
OLD
ORCHESTRA
RHYTHM
NZIYO
STYLE
TALENT
NZIRA

100 - Nature

```
R S C Z S A R N L S D H T A
W F R N O A G F W A Y V R L
I O K O S K N T Y N N I O B
Z G C Q L A P G S C A T P H
I O O D V N N I O T M A I A
A W R U K U K U K U I L C D
M L T S C K N F P A C M A H
R H S X W C I T C R A P L Y
E U U M A K O R E Y O I P F
C W G K C L J B M A K O M O
A I V A A V I H S A M I X A
L L A M R D E S E R T L V N
G D K F M E N E R E S J V K
N Y U C H I E B Z N H T M E
```

MHUKA   SANGO
ARCTIC   GLACER
KUNAKA   MAKOMO
NYUCHI   RUGARE
MAKORE   RWIZI
DESERT   SANCTUARY
DYNAMIC   SERENE
KUKUKURWA   TROPICAL
FOG   VITAL
MASHIVA   WILD

1 - Antiques

2 - Food #1

3 - Measurements

4 - Farm #2

5 - Books

6 - Meditation

7 - Days and Months

8 - Energy

9 - Archeology

10 - Food #2

11 - Chemistry

12 - Music

13 - Farm #1

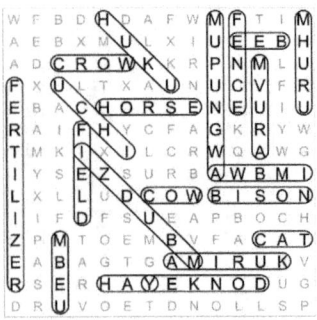

14 - Camping

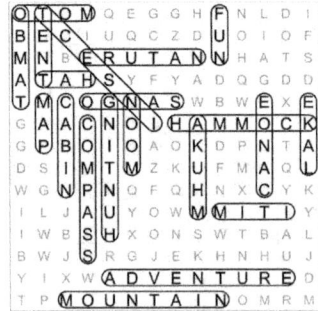

15 - Algebra

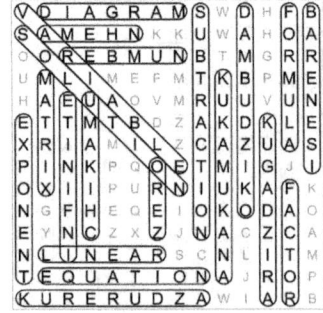

16 - Numbers

17 - Spices

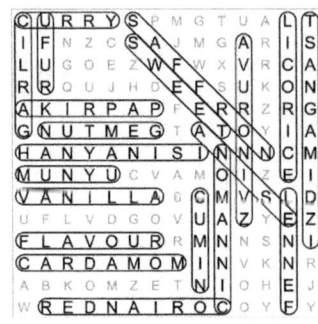

18 - Universe

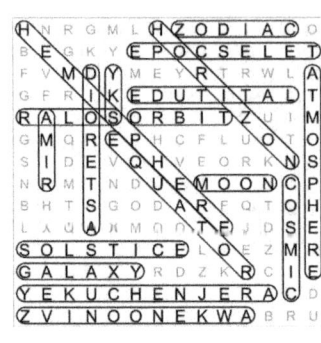

19 - Mammals

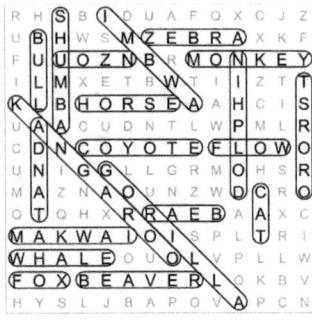

20 - Bees

21 - Photography

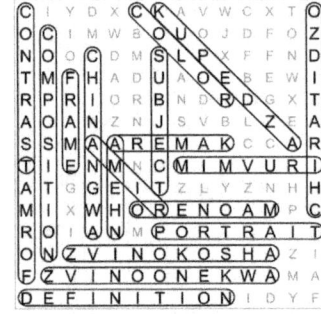

22 - Sports

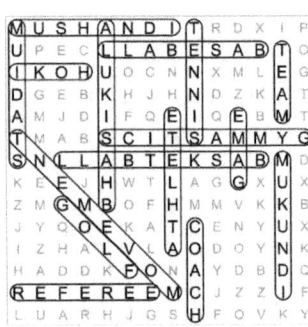

23 - Weather

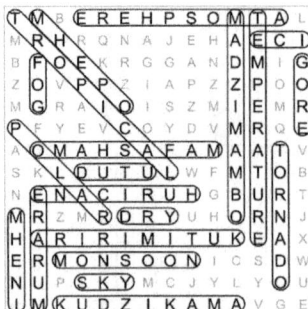

24 - Adventure

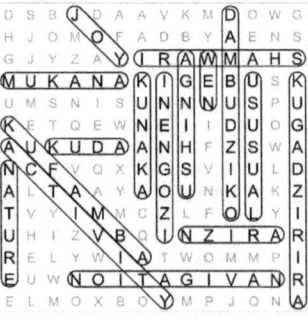

25 - Sport

26 - Circus

27 - Restaurant #2

28 - Geology

29 - House

30 - Physics

31 - Dance

32 - Colors

33 - Climbing

34 - Shapes

35 - Scientific Disciplines

36 - Science

37 - Beauty

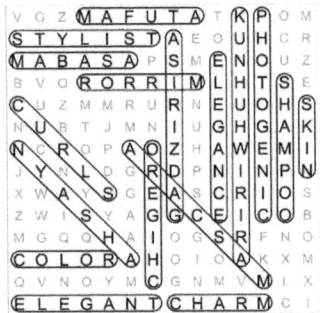

38 - Clothes

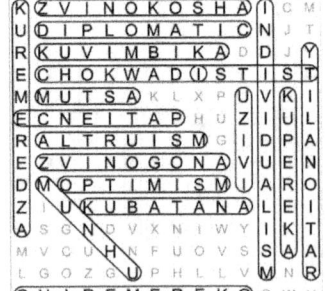

39 - Ethics

40 - Insects

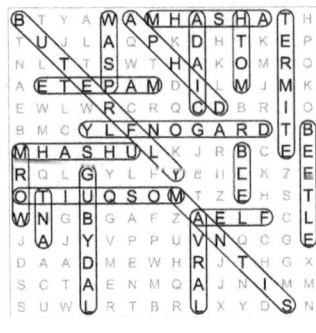

41 - Astronomy

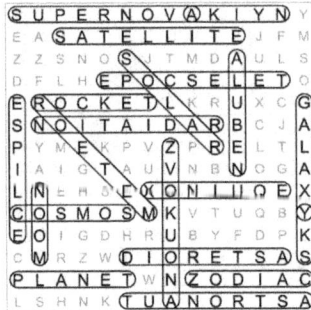

42 - Health and Wellness #2

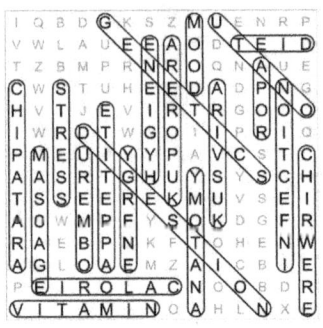

43 - Time

44 - Buildings

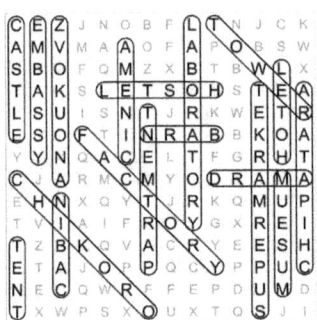

45 - Gardening

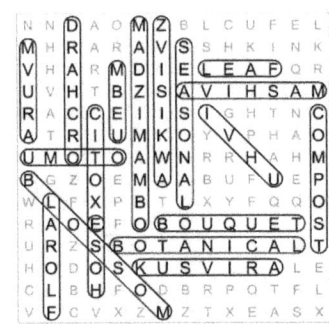

46 - Herbalism

47 - Vehicles

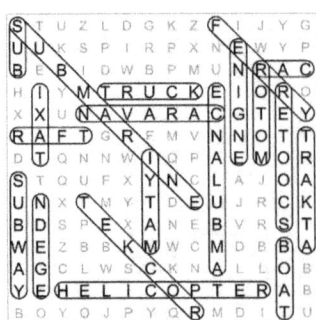

48 - Flowers

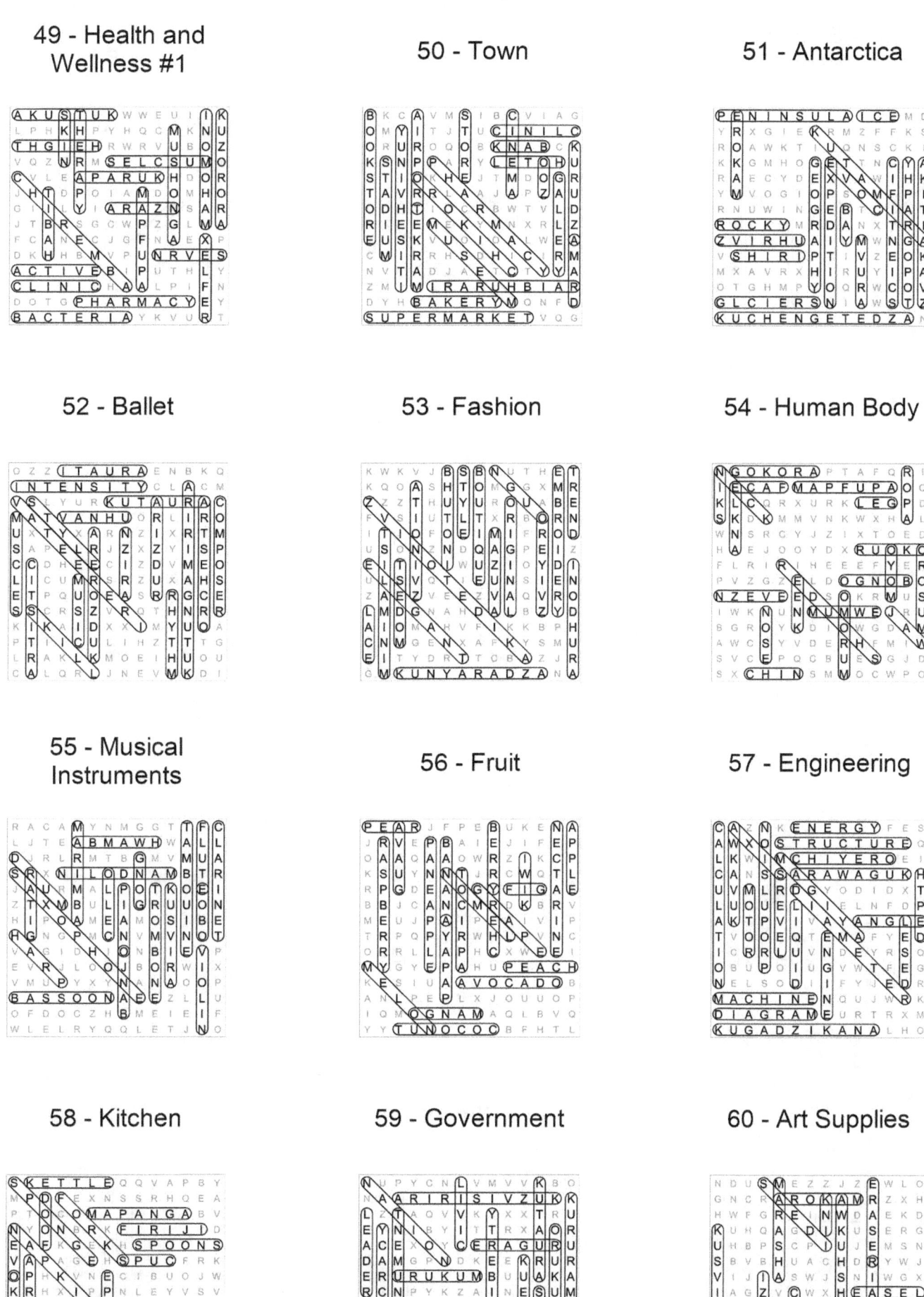

49 - Health and Wellness #1

50 - Town

51 - Antarctica

52 - Ballet

53 - Fashion

54 - Human Body

55 - Musical Instruments

56 - Fruit

57 - Engineering

58 - Kitchen

59 - Government

60 - Art Supplies

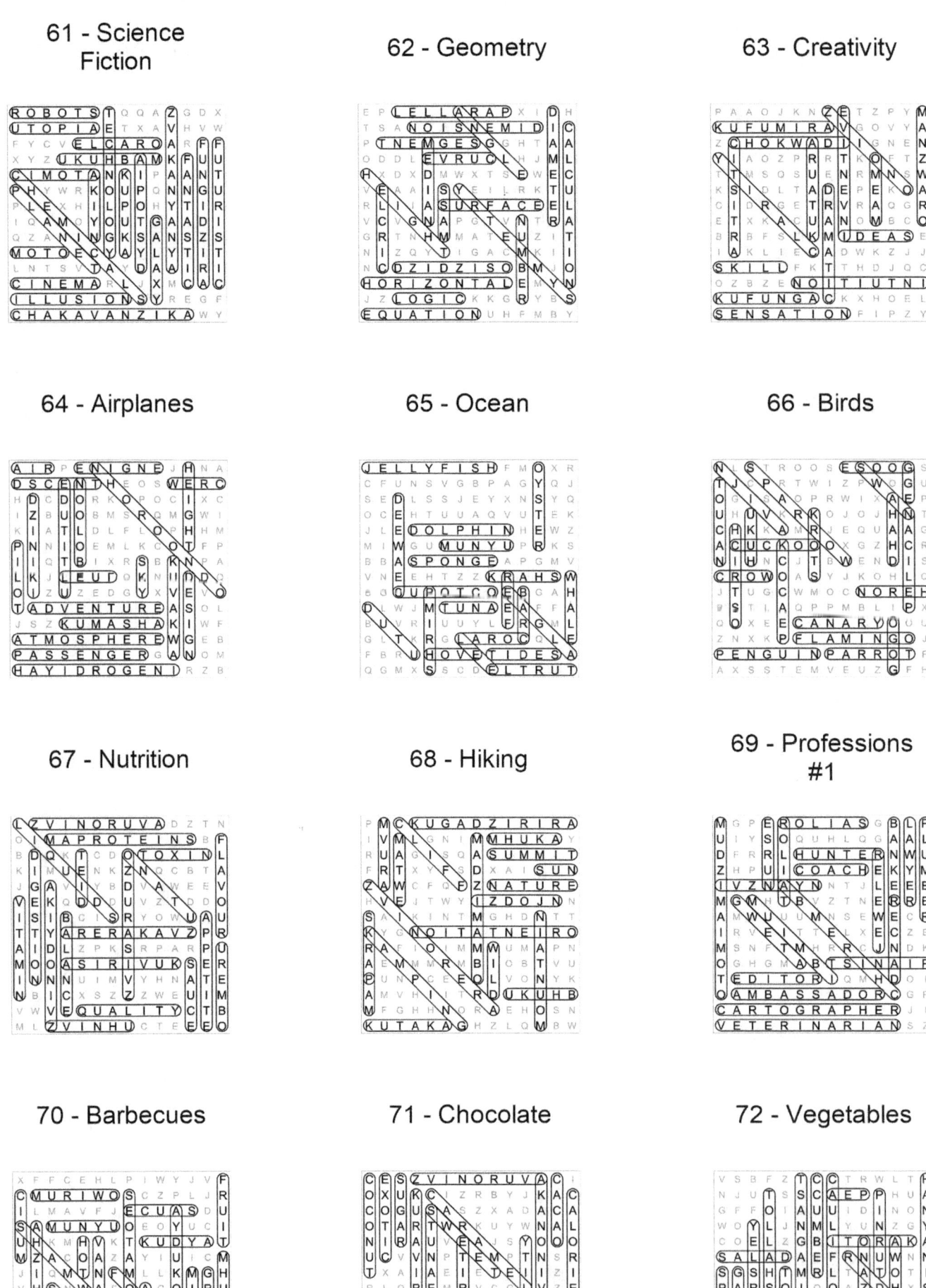

61 - Science Fiction

62 - Geometry

63 - Creativity

64 - Airplanes

65 - Ocean

66 - Birds

67 - Nutrition

68 - Hiking

69 - Professions #1

70 - Barbecues

71 - Chocolate

72 - Vegetables

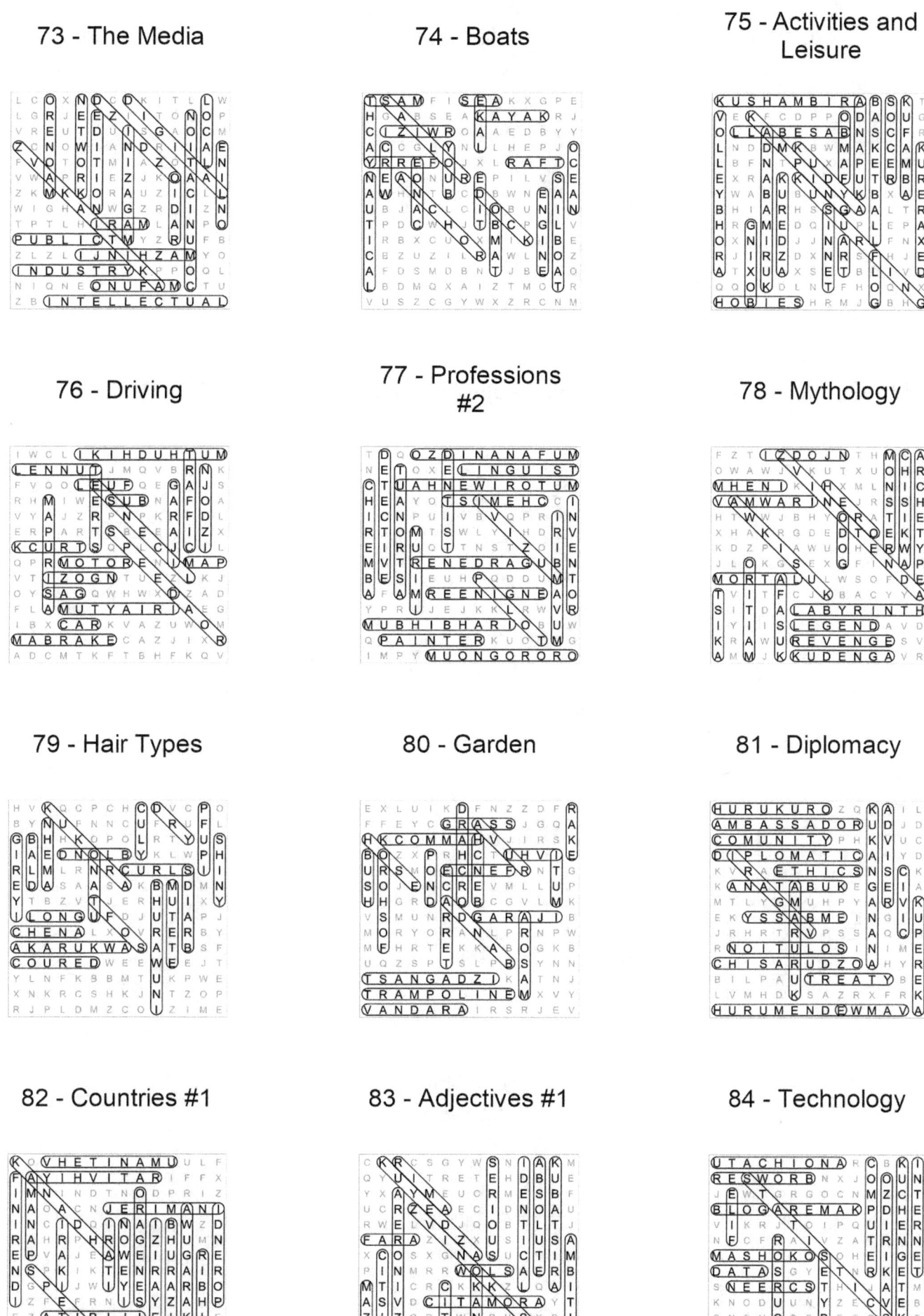

73 - The Media

74 - Boats

75 - Activities and Leisure

76 - Driving

77 - Professions #2

78 - Mythology

79 - Hair Types

80 - Garden

81 - Diplomacy

82 - Countries #1

83 - Adjectives #1

84 - Technology

85 - Landscapes

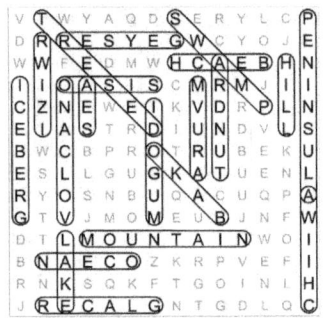

86 - Visual Arts

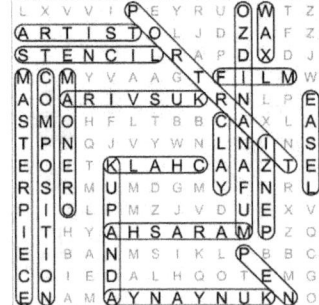

87 - Plants

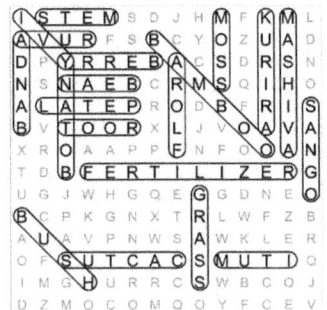

88 - Countries #2

89 - Adjectives #2

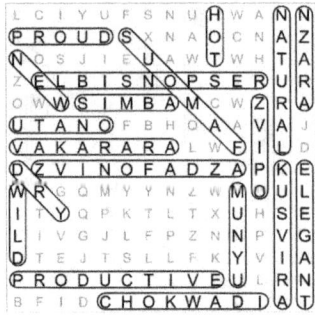

90 - Psychology

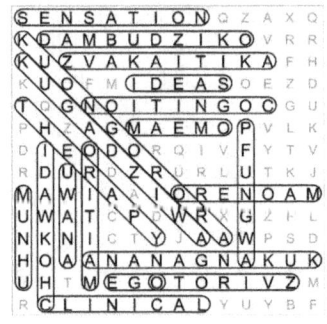

91 - Math

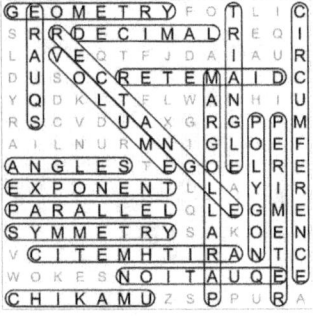

92 - Water

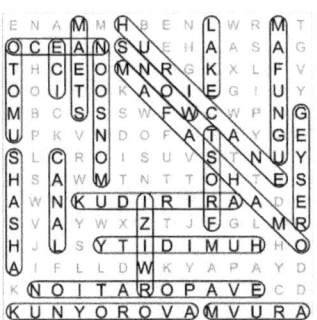

93 - Activities

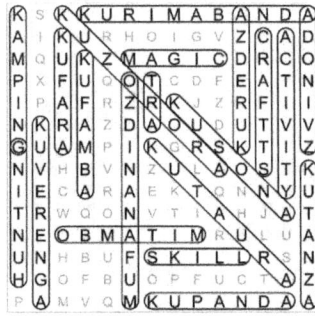

94 - Business

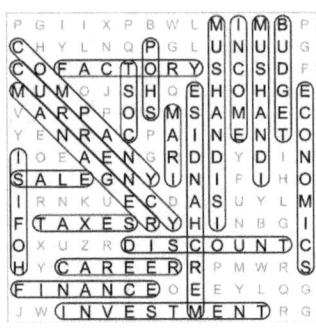

95 - The Company

96 - Literature

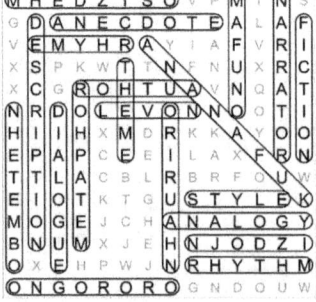

97 - Geography

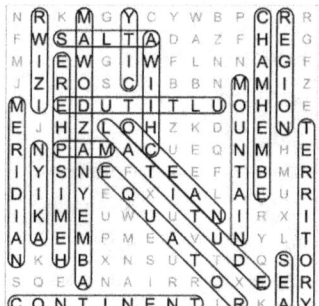

98 - Pets

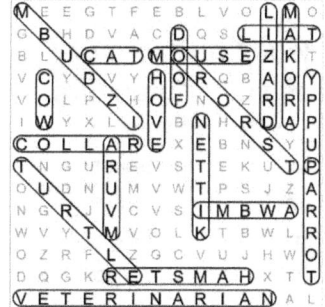

99 - Jazz

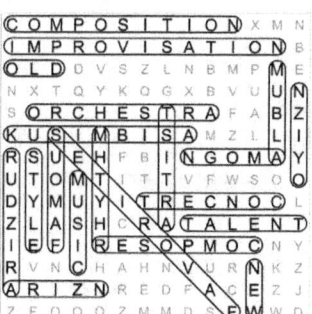

100 - Nature

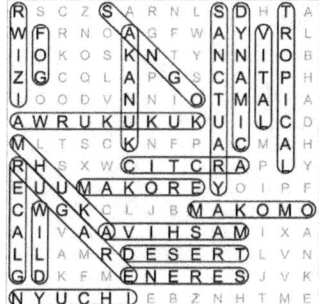

Dictionary

Activities
Mabasa

Activity	Activity
Art	Art
Camping	Kamping
Crafts	Craftts
Dancing	Kutanza
Fishing	Kuredza
Games	Mitambo
Gardening	Kurima Banda
Hiking	Kufamba
Hunting	Hunting
Interests	Zvinoda
Leisure	Kutaura
Magic	Magic
Painting	Kupanda
Photography	Mufananidzo
Pleasure	Kufara
Reading	Kuverenga
Relaxation	Kuzorora
Sewing	Kusona
Skill	Skill

Activities and Leisure
Mabasa uye Kutandara

Art	Art
Baseball	Baseball
Basketball	Basketball
Boxing	Boxing
Camping	Kamping
Diving	Kudya
Fishing	Kuredza
Gardening	Kurima Banda
Golf	Golf
Hiking	Kufamba
Hobbies	Hobies
Painting	Kupanda
Relaxing	Kureraxed
Soccer	Soccer
Surfing	Kusurfing
Swimming	Kushambira
Tennis	Tennis
Travel	Fambo
Volleyball	Volleybhora

Adjectives #1
Adjectives #1

Absolute	Absolute
Ambitious	Ambitious
Aromatic	Aromatic
Artistic	Artistic
Attractive	Kuyedza
Beautiful	Runako
Dark	Rima
Exotic	Exotic
Generous	Rupo
Happy	Fara
Heavy	Zvinorera
Helpful	Kubatsira
Honest	Honest
Identical	Identical
Important	Zvinokosha
Modern	Mazuva
Serious	Serious
Slow	Slow
Thin	Mutete
Valuable	Inokosha

Adjectives #2
Adjectives #2

Authentic	Chokwadi
Creative	Kusvira
Descriptive	Zvinotsaurira
Dry	Dry
Elegant	Elegant
Famous	Famous
Gifted	Zvipo
Healthy	Utano
Hot	Hot
Hungry	Nzara
Interesting	Zvinofadza
Natural	Natural
New	New
Productive	Productive
Proud	Proud
Responsible	Responsible
Salty	Munyu
Sleepy	Vakarara
Strong	Simba
Wild	Wild

Adventure
Adventure

Activity	Activity
Beauty	Kunaka
Bravery	Ushinga
Challenges	Zvikanganiso
Chance	Mukana
Dangerous	Inengozi
Destination	Destination
Difficulty	Dambudziko
Enthusiasm	Kuda
Excursion	Excursion
Friends	Shamwari
Itinerary	Nzira
Joy	Joy
Nature	Nature
Navigation	Navigation
New	New
Preparation	Kugadzirira
Surprising	Zvinoshamisa
Travels	Kufamba
Unusual	Ususual

Airplanes
Ndege

Adventure	Adventure
Air	Air
Altitude	Ultitude
Atmosphere	Atmosphere
Balloon	Boloon
Construction	Kuvakwa
Crew	Crew
Descent	Dscent
Design	Design
Engine	Engine
Fuel	Fuel
Height	Height
History	Nhoroondo
Hydrogen	Hayidrogeni
Landing	Kumasha
Passenger	Passenger
Pilot	Pilot
Propellers	Propellers
Sky	Sky
Turbulence	Dziniki

Algebra
Algebra

Diagram	Diagram
Division	Kukamukana
Equation	Equation
Exponent	Exponent
Factor	Factor
False	Nhema
Formula	Formula
Fraction	Chikamu
Infinite	Infinite
Linear	Linear
Matrix	Matrix
Number	Number
Parenthesis	Barenesi
Problem	Dambudziko
Simplify	Kurerudza
Solution	Solution
Solve	Kugadzira
Subtraction	Subtraction
Variable	Variable
Zero	Zero

Antarctica
Antarctica

Bay	Bay
Birds	Shiri
Clouds	Makore
Conservation	Kuchengetedza
Continent	Continent
Cove	Cove
Environment	Zvakaitika
Expedition	Expedition
Geography	Geography
Glaciers	Glciers
Ice	Ice
Islands	Zvirhu
Migration	Kutamira
Peninsula	Peninsula
Researcher	Muongororo
Rocky	Rocky
Scientific	Scientific
Temperature	Temperature
Topography	Topography
Water	Mvura

Antiques
Antiques

Art	Art
Auction	Auction
Authentic	Chokwadi
Century	Zana
Coins	Coins
Decades	Makure
Decorative	Decorative
Elegant	Elegant
Furniture	Furniture
Gallery	Gallery
Investment	Investment
Jewelry	Zvishonga
Old	Old
Price	Price
Quality	Quality
Restoration	Kudzorera
Sculpture	Kunyanya
Style	Style
Unusual	Ususual
Value	Value

Archeology
Archaeology

Analysis	Ongororo
Antiquity	Antiquity
Bones	Mapfupa
Civilization	Kubatsira
Descendant	Descendant
Era	Era
Expert	Nyanzvi
Forgotten	Kanganwa
Fossil	Fossil
Fragments	Zvikamu
Mystery	Chakavanzika
Objects	Zvinhu
Professor	Profesa
Relic	Relic
Researcher	Muongororo
Team	Team
Temple	Temberi
Tomb	Tomb
Unknown	Unknown
Years	Makore

Art Supplies
Art Supplies

Acrylic	Acrylic
Brushes	Mabhshukwa
Camera	Kamera
Chair	Chair
Charcoal	Marasha
Clay	Clay
Colors	Makora
Creativity	Kusvira
Easel	Easel
Eraser	Eraser
Glue	Glue
Ideas	Ideas
Ink	Ink
Oil	Mafuta
Paper	Pepa
Pencils	Mapenzi
Table	Table
Water	Mvura
Watercolors	Watercolors

Astronomy
Astronomy

Asteroid	Asteroid
Astronaut	Astronaut
Cosmos	Cosmos
Earth	Nyika
Eclipse	Eclipse
Equinox	Equinox
Galaxy	Galaxy
Meteor	Meteor
Moon	Moon
Nebula	Nebula
Observatory	Zvokuona
Planet	Planet
Radiation	Radiation
Rocket	Rocket
Satellite	Satellite
Sky	Sky
Solar	Solar
Supernova	Supernova
Telescope	Telescope
Zodiac	Zodiac

Ballet
Ballet

Applause	Rudzira
Artistic	Artistic
Audience	Vateereri
Choreography	Choreography
Composer	Composer
Dancers	Vanhu
Expressive	Kutaura
Gesture	Kutungamirira
Graceful	Nenyasha
Intensity	Intensity
Muscles	Muscles
Music	Music
Orchestra	Orchestra
Practice	Itaura
Rehearsal	Kudzorera
Rhythm	Rhythm
Skill	Skill
Style	Style
Technique	Nzira

Barbecues
Barbecues

Chicken	Huku
Children	Vana
Dinner	Kudya
Family	Mhuri
Food	Zvokudya
Forks	Forks
Friends	Shamwari
Fruit	Fruit
Games	Mitambo
Grill	Grill
Hot	Hot
Hunger	Nzara
Knives	Mapanga
Music	Music
Salads	Salads
Salt	Munyu
Sauce	Sauce
Summer	Zhizha
Tomatoes	Tomatoes
Vegetables	Muriwo

Beauty
Runako

Charm	Charm
Color	Color
Cosmetics	Cosmetics
Curls	Curls
Elegance	Elegance
Elegant	Elegant
Fragrance	Kunhuhwirira
Grace	Nyasha
Lipstick	Lipstick
Makeup	Gadzirisa
Mascara	Mascara
Mirror	Mirror
Oils	Mafuta
Photogenic	Photogenic
Scissors	Chigero
Services	Mabasa
Shampoo	Shampoo
Skin	Skin
Stylist	Stylist

Bees
Nyuchi

Beneficial	Inobatsira
Blossom	Blossom
Diversity	Kusiyana
Ecosystem	Ecosystem
Flowers	Ruva
Food	Zvokudya
Fruit	Fruit
Garden	Banda
Hive	Hive
Honey	Uchi
Insect	Insect
Plants	Zvirima
Pollen	Poleni
Pollinator	Pollinator
Queen	Queen
Smoke	Kusvira
Sun	Sun
Swarm	Swarm
Wax	Wax
Wings	Mapapapa

Birds
Shiri

Canary	Canary
Chicken	Huku
Crow	Crow
Cuckoo	Cuckoo
Dove	Njiva
Duck	Dhaha
Eagle	Gogo
Egg	Egg
Flamingo	Flamingo
Goose	Goose
Heron	Heron
Ostrich	Ostrich
Parrot	Parrot
Peacock	Peacock
Pelican	Pelican
Penguin	Penguin
Sparrow	Sparrow
Stork	Stork
Swan	Swan
Toucan	Toucan

Boats
Mabhoti

Anchor	Anchor
Buoy	Buoy
Canoe	Canoe
Crew	Crew
Dock	Dock
Engine	Engine
Ferry	Ferry
Kayak	Kayak
Lake	Lake
Mast	Mast
Nautical	Nautical
Ocean	Ocean
Raft	Raft
River	Rwizi
Rope	Tambo
Sailboat	Sailboat
Sailor	Sailor
Sea	Sea
Tide	Tide
Yacht	Yacht

Books
Mabhuku

Adventure	Adventure
Author	Author
Collection	Kuchenga
Context	Context
Duality	Duality
Epic	Epic
Historical	Nhoroondo
Humorous	Humorous
Inventive	Inventive
Literary	Literary
Narrator	Narrator
Novel	Novel
Page	Peji
Poetry	Nhetembo
Reader	Muverengi
Relevant	Zvinokosha
Series	Series
Story	Nyaya
Tragic	Tragic
Written	Zvinonyorwa

Buildings
Zvivako

Apartment	Partment
Barn	Barn
Cabin	Cabin
Castle	Castle
Cinema	Cinema
Embassy	Embassy
Factory	Factory
Hospital	Chipatara
Hostel	Hostel
Hotel	Hotel
Laboratory	Laboratory
Museum	Museum
Observatory	Zvokuona
School	Chikoro
Stadium	Stadium
Supermarket	Supermarket
Tent	Tent
Theater	Drama
Tower	Tower
University	Yunivhesiti

Business
Business

Budget	Budget
Career	Career
Company	Company
Cost	Cost
Currency	Currency
Discount	Discount
Economics	Economics
Employee	Mushandi
Employer	Mushandisi
Factory	Factory
Finance	Finance
Income	Income
Investment	Investment
Manager	Manager
Merchandise	Merchandise
Money	Mari
Office	Hofisi
Sale	Sale
Shop	Shop
Taxes	Taxes

Camping
Camping

Adventure	Adventure
Animals	Mhuka
Cabin	Cabin
Canoe	Canoe
Compass	Compass
Fire	Moto
Forest	Sango
Fun	Fun
Hammock	Hammock
Hat	Hat
Hunting	Hunting
Insect	Insect
Lake	Lake
Map	Map
Moon	Moon
Mountain	Mountain
Nature	Nature
Rope	Tambo
Tent	Tent
Trees	Miti

Chemistry
Chemistry

Acid	Acid
Alkaline	Alkaline
Atomic	Atomic
Carbon	Carbon
Catalyst	Catalyst
Chlorine	Chlorine
Electron	Electron
Enzyme	Ennyme
Gas	Gas
Heat	Heat
Hydrogen	Hayidrogeni
Ion	Ion
Liquid	Liquid
Molecule	Molecule
Nuclear	Nuclear
Organic	Organic
Oxygen	Oxygen
Salt	Munyu
Temperature	Temperature
Weight	Urembo

Chocolate
Chocolate

Antioxidant	Antioxidant
Bitter	Zvinoruva
Cacao	Cacao
Calories	Calories
Candy	Zviwiti
Caramel	Caramel
Coconut	Coconut
Delicious	Zvinonaka
Exotic	Exotic
Favorite	Favorite
Flavor	Flavour
Ingredient	Ingredient
Peanuts	Peanuts
Quality	Quality
Recipe	Recipe
Sugar	Sugar
Sweet	Sweet
Taste	Kuravira

Circus
Circus

Acrobat	Acrobat
Animals	Mhuka
Balloons	Mabhuruoni
Candy	Zviwiti
Costume	Costume
Elephant	Nzou
Entertain	Vaidzai
Juggler	Juggler
Lion	Shumba
Magic	Magic
Monkey	Monkey
Music	Music
Parade	Parade
Show	Ratidza
Spectator	Muonesi
Tent	Tent
Tiger	Tiger
Trick	Trick

Climbing
Kukwira

Altitude	Ultitude
Atmosphere	Atmosphere
Boots	Bhuku
Cave	Bako
Challenges	Zvikanganiso
Curiosity	Kuda Kuziva
Expert	Nyanzvi
Gloves	Magrovis
Guides	Vanokosha
Helmet	Helmet
Hiking	Kufamba
Injury	Kukuvadza
Map	Map
Narrow	Narrow
Physical	Zvemuviri
Stability	Kugadzikana
Strength	Simba
Training	Kudzidzwa

Clothes
Hembe

Apron	Apron
Belt	Belt
Blouse	Blouse
Bracelet	Bracelet
Coat	Coat
Dress	Nguva
Fashion	Fashion
Gloves	Magrovis
Hat	Hat
Jacket	Jacket
Jeans	Jeans
Jewelry	Zvishonga
Pajamas	Pajamas
Pants	Burugwa
Sandals	Sandals
Scarf	Scarf
Shirt	Shirt
Shoe	Shangu
Skirt	Skirt
Sweater	Sweater

Colors
Colors

Azure	Azure
Beige	Beige
Black	Nhema
Blue	Bhuruu
Brown	Bhurawuni
Cyan	Cyan
Fuchsia	Fuchsia
Green	Girinhi
Grey	Gireyi
Magenta	Magenta
Orange	Orenji
Pink	Pink
Purple	Pepuru
Red	Tsvuku
Sepia	Sepia
Violet	Violet
White	Chena
Yellow	Yero

Countries #1
Nyika #1

Brazil	Bhuraziri
Canada	Kanadha
Egypt	Ijipita
Finland	Finirendi
Germany	Jerimani
Iraq	Iraki
Israel	Izirayeri
Italy	Itari
Latvia	Rativhiya
Libya	Ribhiya
Morocco	Moroko
Nicaragua	Nikaraguwa
Norway	Noweyi
Panama	Panama
Poland	Porendi
Romania	Romaniya
Senegal	Senegaro
Spain	Speini
Venezuela	Vhenezwera
Vietnam	Vhetinamu

Countries #2
Nyika #2

Albania	Arubhaniya
Denmark	Dhenimaki
Ethiopia	Ithiyopiya
Greece	Girisi
Haiti	Haiti
Jamaica	Jamaika
Japan	Japani
Laos	Rayosi
Lebanon	Rebhanoni
Liberia	Raibheriya
Mexico	Mekisiko
Nepal	Neparo
Nigeria	Naijeriya
Pakistan	Pakisitani
Russia	Rashiya
Somalia	Somaria
Sudan	Sudhani
Syria	Siriya
Uganda	Uganda
Ukraine	Ukireni

Creativity
Creativity

Artistic	Artistic
Authenticity	Chokwadi
Clarity	Clarity
Dramatic	Dramatic
Emotions	Maemo
Expression	Kutaura
Feelings	Manzwaro
Ideas	Ideas
Image	Mufananidzo
Imagination	Kufunga
Inspiration	Kufumira
Intensity	Intensity
Intuition	Intuition
Inventive	Inventive
Sensation	Sensation
Skill	Skill
Spontaneous	Spontaneous
Visions	Zviono
Vitality	Vitality

Dance
Dance

Academy	Academy
Art	Art
Body	Body
Choreography	Choreography
Classical	Classical
Culture	Tsika
Emotion	Emotion
Expressive	Kutaura
Grace	Nyasha
Joyful	Kufara
Movement	Movement
Music	Music
Partner	Partner
Posture	Zvinhu
Rehearsal	Kudzorera
Rhythm	Rhythm
Traditional	Traditional
Visual	Zvinoonekwa

Days and Months
Mazuva Nemwedzi

April	Kubvumbi
August	Nyamavhuvhu
Calendar	Calendar
February	Kukadzi
Friday	Chishanu
January	Ndira
July	Chikunguru
March	Kurume
Monday	Muvhuro
Month	Mwedzi
November	Mbudzi
October	Gumiguru
Saturday	Mugovera
September	Gunyana
Sunday	Svondo
Thursday	China
Tuesday	Chipiri
Wednesday	Chitatu
Week	Vhiki
Year	Gore

Diplomacy
Diplomacy

Adviser	Adviser
Ambassador	Ambassador
Citizens	Vagari
Civic	Civic
Community	Comunity
Conflict	Kukanganana
Cooperation	Kubatana
Diplomatic	Diplomatic
Discussion	Hurukuro
Embassy	Embassy
Ethics	Ethics
Foreign	Vamwe
Government	Hurumende
Humanitarian	Humanitarian
Integrity	Kupereka
Justice	Kururama
Resolution	Chisarudzo
Security	Kuchengeteka
Solution	Solution
Treaty	Treaty

Driving
Kutyaira

Accident	Njodzi
Brakes	Mabrake
Bus	Bus
Car	Car
Danger	Ngozi
Driver	Mutyairi
Fuel	Fuel
Garage	Garaji
Gas	Gas
License	License
Map	Map
Motor	Motor
Motorcycle	Muthudhiki
Police	Mapurisa
Road	Road
Speed	Speed
Street	Street
Traffic	Traffic
Truck	Truck
Tunnel	Tunnel

Energy
Energy

Battery	Battery
Carbon	Carbon
Diesel	Desel
Electric	Electric
Electron	Electron
Engine	Engine
Entropy	Entropy
Environment	Zvakaitika
Fuel	Fuel
Gasoline	Gasoline
Heat	Heat
Hydrogen	Hayidrogeni
Industry	Industry
Motor	Motor
Nuclear	Nuclear
Photon	Photon
Pollution	Kusvitsa
Renewable	Zvinotsvadzwa
Turbine	Turbine
Wind	Mhepo

Engineering
Engineering

Angle	Angle
Axis	Axis
Calculation	Calculation
Construction	Kuvakwa
Depth	Depth
Diagram	Diagram
Diameter	Diameter
Diesel	Desel
Distribution	Kugawara
Energy	Energy
Engine	Engine
Gears	Magiya
Levers	Levers
Liquid	Liquid
Machine	Machine
Measurement	Chiyero
Motor	Motor
Propulsion	Propulsion
Stability	Kugadzikana
Structure	Structure

Ethics
Ethics

Altruism	Altruism
Compassion	Tsitsi
Cooperation	Kubatana
Dignity	Chiremereko
Diplomatic	Diplomatic
Honesty	Kuvimbika
Humanity	Munhu
Individualism	Individualism
Integrity	Kupereka
Kindness	Mutsa
Optimism	Optimism
Patience	Patience
Philosophy	Uzivi
Rationality	Rationality
Realism	Chokwadi
Reasonable	Zvinogona
Respectful	Kuremeredza
Tolerance	Kushingirira
Values	Zvinokosha
Wisdom	Uchenjori

Farm #1
Farm #1

Agriculture	Kurima
Bee	Bee
Bison	Bison
Calf	Mhuru
Cat	Cat
Chicken	Huku
Cow	Cow
Crow	Crow
Dog	Imbwa
Donkey	Donkey
Fence	Fence
Fertilizer	Fertilizer
Field	Field
Goat	Mbudzi
Hay	Hay
Honey	Uchi
Horse	Horse
Rice	Mupungwa
Seeds	Mbeu
Water	Mvura

Farm #2
Farm #2

Animals	Mhuka
Barley	Barey
Barn	Barn
Corn	Corn
Duck	Dhaha
Farmer	Murimi
Food	Food
Fruit	Fruit
Irrigation	Kudirira
Lamb	Lamb
Llama	Llama
Meadow	Meadow
Milk	Mukaka
Orchard	Orchard
Ripe	Aripe
Sheep	Makwai
Shepherd	Mufudzi
Tractor	Trakta
Vegetable	Muriwo
Wheat	Gorosi

Fashion
Fashion

Affordable	Zvinotedika
Boutique	Boutique
Buttons	Bhutoni
Clothing	Nguo
Comfortable	Kunyaradza
Elegant	Elegant
Embroidery	Embroidery
Expensive	Inodhura
Lace	Lace
Measurements	Zviyero
Minimalist	Minimalist
Modern	Mazuva
Modest	Modest
Original	Original
Practical	Zvinoita
Style	Style
Texture	Zvinokosha
Trend	Trend

Flowers
Maruva

Bouquet	Bouquet
Clover	Clover
Daisy	Daisy
Dandelion	Dandelion
Gardenia	Gardenia
Hibiscus	Hibiscus
Jasmine	Jasmine
Lavender	Laveder
Lilac	Lilac
Lily	Lily
Magnolia	Magnolia
Orchid	Orchid
Peony	Peoni
Petal	Petal
Plumeria	Plumeria
Poppy	Poppy
Sunflower	Sunflower
Tulip	Tulip

Food #1
Chikafu #1

Apricot	Apricot
Barley	Barey
Basil	Basil
Carrot	Karoti
Cinnamon	Cinnamon
Garlic	Garlic
Juice	Muto
Lemon	Lemon
Milk	Mukaka
Onion	Hanyanisi
Peanut	Peanut
Pear	Pear
Salad	Salad
Salt	Munyu
Soup	Soup
Spinach	Spinach
Strawberry	Strawberry
Sugar	Sugar
Tuna	Tuna
Turnip	Turnip

Food #2
Chikafu #2

Apple	Apple
Artichoke	Artichoke
Banana	Banana
Broccoli	Broccoli
Celery	Celery
Cheese	Chizi
Cherry	Chery
Chicken	Huku
Chocolate	Chocolate
Egg	Egg
Eggplant	Zano
Fish	Hove
Grape	Grape
Ham	Ham
Kiwi	Kiwi
Mushroom	Howa
Rice	Mupungwa
Tomato	Tomato
Wheat	Gorosi
Yogurt	Yogurt

Fruit
Fruit

Apple	Apple
Apricot	Apricot
Avocado	Avocado
Banana	Banana
Berry	Berry
Cherry	Chery
Coconut	Coconut
Fig	Fig
Grape	Grape
Guava	Guava
Kiwi	Kiwi
Lemon	Lemon
Mango	Mango
Melon	Melon
Nectarine	Nectarine
Papaya	Papaya
Peach	Peach
Pear	Pear
Pineapple	Paneapple
Raspberry	Raspberry

Garden
Garden

Bench	Bench
Bush	Bush
Fence	Fence
Flower	Ruva
Garage	Garaji
Garden	Banda
Grass	Grass
Hammock	Hammock
Hose	Hose
Lawn	Tsangadzi
Orchard	Orchard
Pond	Pond
Porch	Vandara
Rake	Rake
Shovel	Foshoro
Soil	Ivhu
Terrace	Terrace
Trampoline	Trampoline
Tree	Muti
Weeds	Masora

Gardening
Kurima Bindu

Blossom	Blossom
Botanical	Botanical
Bouquet	Bouquet
Climate	Madzimambo
Compost	Compost
Container	Container
Dirt	Kusvira
Edible	Zvinodyika
Exotic	Exotic
Floral	Floral
Foliage	Mashiva
Hose	Hose
Leaf	Leaf
Moisture	Umoto
Orchard	Orchard
Seasonal	Seasonal
Seeds	Mbeu
Soil	Ivhu
Species	Zvisikwa
Water	Mvura

Geography
Geography

Altitude	Ultitude
Atlas	Atlas
City	City
Continent	Continent
Country	Nyika
Equator	Equator
Hemisphere	Hemisphere
Island	Chiiwa
Latitude	Latitude
Map	Map
Meridian	Meridian
Mountain	Mountain
North	Mawodzanyemba
Ocean	Ocean
Region	Region
River	Rwizi
Sea	Sea
South	Chamhembe
Territory	Territory
West	Madokero

Geology
Geology

Acid	Acid
Calcium	Calcium
Cavern	Cavern
Continent	Continent
Coral	Coral
Crystals	Chemberi
Cycles	Cycles
Erosion	Kukukurwa
Fossil	Fossil
Geyser	Geyser
Lava	Lava
Layer	Layer
Minerals	Minerals
Molten	Molten
Plateau	Plateau
Quartz	Quartz
Salt	Munyu
Stalactite	Stalactite
Stone	Stone
Volcano	Volcano

Geometry
Geometry

Angle	Angle
Calculation	Calculation
Circle	Circle
Curve	Curve
Diameter	Diameter
Dimension	Dimension
Equation	Equation
Height	Height
Horizontal	Horizontal
Logic	Logic
Mass	Mass
Median	Median
Number	Number
Parallel	Parallel
Proportion	Proportion
Segment	Segment
Surface	Surface
Symmetry	Symmetry
Theory	Dzidziso
Triangle	Triangle

Government
Hurumende

Civil	Civil
Constitution	Contitution
Democracy	Democracy
Discussion	Hurukuro
Equality	Kuenzana
Independence	Kuzvisirira
Judicial	Mukuru
Justice	Kururama
Law	Mutemo
Leader	Leader
Liberty	Liberty
Monument	Monument
Nation	Nation
Peaceful	Rugare
Rights	Kodzero
Speech	Kutaura
State	State
Symbol	Symbol

Hair Types
Mhando Dzemvere

Bald	Bald
Black	Nhema
Blond	Blond
Braided	Akarukwa
Braids	Braids
Brown	Bhurawuni
Colored	Coured
Curls	Curls
Curly	Culy
Dry	Dry
Gray	Gireyi
Healthy	Utano
Long	Long
Shiny	Shiny
Short	Pfupi
Soft	Soft
Thick	Kukora
Thin	Mutete
White	Chena

Health and Wellness #1
Hutano uye Hutano #1

Active	Active
Bacteria	Bacteria
Bones	Mapfupa
Clinic	Clinic
Doctor	Chiremba
Fracture	Kutsuka
Habit	Habit
Height	Height
Hormones	Mahomoni
Hunger	Nzara
Medicine	Mushonga
Muscles	Muscles
Nerves	Nrves
Pharmacy	Pharmacy
Reflex	Reflex
Relaxation	Kuzorora
Skin	Skin
Therapy	Therapy
Treatment	Kurapa
Virus	Utachiona

Health and Wellness #2
Hutano uye Hutano #2

Allergy	Kusvira
Anatomy	Anatomy
Appetite	Appetite
Blood	Ropa
Calorie	Calorie
Diet	Diet
Digestion	Digestion
Disease	Chirwere
Energy	Energy
Genetics	Genetics
Healthy	Utano
Hospital	Chipatara
Hygiene	Hygiene
Infection	Infection
Massage	Massage
Mood	Mood
Recovery	Kuporera
Stress	Stress
Vitamin	Vitamin
Weight	Urembo

Herbalism
Herbalism

Aromatic	Aromatic
Basil	Basil
Beneficial	Inobatsira
Culinary	Culinary
Fennel	Fennel
Flavor	Flavour
Flower	Ruva
Garden	Banda
Garlic	Garlic
Green	Girinhi
Ingredient	Ingredient
Lavender	Laveder
Marjoram	Marjoram
Mint	Mint
Oregano	Oregano
Parsley	Parsley
Plant	Rima
Rosemary	Rosemary
Saffron	Saffron
Tarragon	Tarragon

Hiking
Kufamba Mutsoka

Animals	Mhuka
Boots	Bhuku
Camping	Kamping
Cliff	Cliff
Climate	Madzimambo
Guides	Vanokosha
Hazards	Njodzi
Heavy	Zvinorera
Map	Map
Mountain	Mountain
Nature	Nature
Orientation	Orientation
Parks	Parks
Preparation	Kugadzirira
Stones	Matwe
Summit	Summit
Sun	Sun
Tired	Kutaka
Water	Mvura
Wild	Wild

House
House

Attic	Attic
Broom	Broom
Curtains	Curtains
Door	Door
Fence	Fence
Fireplace	Fireplace
Floor	Floor
Furniture	Furniture
Garage	Garaji
Garden	Banda
Keys	Keys
Kitchen	Kitchen
Lamp	Lamp
Library	Raibhurari
Mirror	Mirror
Roof	Roof
Room	Room
Shower	Shasha
Wall	Wall
Window	Hwindi

Human Body
Muviri Wemunhu

Ankle	Ankle
Blood	Ropa
Bones	Mapfupa
Brain	Bongo
Chin	Chin
Ear	Nzeve
Elbow	Gokora
Face	Face
Finger	Mumwe
Hand	Ruoko
Head	Musoro
Heart	Moyo
Jaw	Jaw
Knee	Knee
Leg	Leg
Mouth	Muromo
Neck	Neck
Nose	Nose
Shoulder	Shouder
Skin	Skin

Insects
Zvipembenene

Ant	Ant
Aphid	Aphid
Bee	Bee
Beetle	Beetle
Butterfly	Buterfly
Cicada	Ciada
Cockroach	Mapete
Dragonfly	Dragonfly
Flea	Flea
Grasshopper	Mhasha
Ladybug	Ladybug
Larva	Larva
Locust	Mhashu
Mantis	Mantis
Mosquito	Mosquito
Moth	Moth
Termite	Termite
Wasp	Wasp
Worm	Worm

Jazz
Jazz

Album	Album
Applause	Rudzira
Artist	Artist
Composer	Composer
Composition	Composition
Concert	Concert
Drums	Ngoma
Emphasis	Kusimbisa
Famous	Famous
Favorites	Favorites
Improvisation	Improvisation
Music	Music
New	New
Old	Old
Orchestra	Orchestra
Rhythm	Rhythm
Song	Nziyo
Style	Style
Talent	Talent
Technique	Nzira

Kitchen
Kitchen

Apron	Apron
Bowl	Bowl
Chopsticks	Zvitoko
Cups	Cups
Food	Food
Forks	Forks
Freezer	Freezer
Grill	Grill
Jug	Jug
Kettle	Kettle
Knives	Mapanga
Napkin	Napkin
Oven	Oven
Recipe	Recipe
Refrigerator	Firiji
Spices	Zvinhu
Sponge	Sponge
Spoons	Spoons

Landscapes
Nzvimbo

Beach	Beach
Cave	Bako
Desert	Desert
Geyser	Geyser
Glacier	Glacer
Hill	Hill
Iceberg	Iceberg
Island	Chiiwa
Lake	Lake
Mountain	Mountain
Oasis	Oasis
Ocean	Ocean
Peninsula	Peninsula
River	Rwizi
Sea	Sea
Swamp	Swamp
Tundra	Tundra
Valley	Mugodi
Volcano	Volcano
Waterfall	Mvura

Literature
Literature

Analogy	Analogy
Analysis	Ongororo
Anecdote	Anecdote
Author	Author
Comparison	Kufanana
Conclusion	Mhedziso
Description	Description
Dialogue	Dialogue
Fiction	Fiction
Metaphor	Metaphor
Narrative	Nhauriro
Narrator	Narrator
Novel	Novel
Opinion	Mafuno
Poem	Nhetembo
Rhyme	Rhyme
Rhythm	Rhythm
Style	Style
Theme	Theme
Tragedy	Njodzi

Mammals
Mhuka

Bear	Bear
Beaver	Beaver
Bull	Bull
Cat	Cat
Coyote	Coyote
Dog	Imbwa
Dolphin	Dolphin
Elephant	Nzou
Fox	Fox
Giraffe	Tanda
Gorilla	Gorilla
Horse	Horse
Kangaroo	Kangaroo
Lion	Shumba
Monkey	Monkey
Rabbit	Tsroro
Sheep	Makwai
Whale	Whale
Wolf	Wolf
Zebra	Zebra

Math
Math

Angles	Angles
Arithmetic	Arithmetic
Circumference	Circumference
Decimal	Decimal
Diameter	Diameter
Division	Kukamukana
Equation	Equation
Exponent	Exponent
Fraction	Chikamu
Geometry	Geometry
Parallel	Parallel
Parallelogram	Parallogram
Perimeter	Perimeter
Polygon	Polygon
Rectangle	Rectangle
Square	Square
Symmetry	Symmetry
Triangle	Triangle
Volume	Volume

Measurements
Zviyero

Byte	Byte
Centimeter	Centtimeter
Decimal	Decimal
Degree	Degree
Depth	Depth
Gram	Gram
Height	Height
Inch	Inch
Kilogram	Kilogram
Kilometer	Kilometer
Length	Length
Liter	Liter
Mass	Mass
Meter	Meter
Minute	Mineti
Ounce	Ounce
Ton	Ton
Volume	Volume
Weight	Urembo
Width	Width

Meditation
Kufungisisa

Acceptance	Kubvuma
Awake	Mukai
Breathing	Kufemera
Calm	Kudzikama
Clarity	Clarity
Compassion	Tsitsi
Emotions	Maemo
Gratitude	Kuvonda
Happiness	Mufaro
Kindness	Mutsa
Mental	Mental
Mind	Mind
Movement	Movement
Music	Music
Nature	Nature
Observation	Kuona
Peace	Rugare
Perspective	Maonero
Silence	Kunyarara
Thoughts	Pfungwa

Music
Music

Album	Album
Ballad	Ballad
Chorus	Chorus
Classical	Classical
Harmonic	Harmonic
Harmony	Harmony
Instrument	Istrument
Lyrical	Lyrical
Melody	Melody
Microphone	Microphone
Musical	Musical
Opera	Opera
Poetic	Nhetembo
Recording	Kurekodha
Rhythm	Rhythm
Rhythmic	Rhythmic
Sing	Sing
Singer	Muimbi
Tempo	Tempo
Vocal	Vocal

Musical Instruments
Musical Instruments

Banjo	Banjo
Bassoon	Bassoon
Cello	Cello
Clarinet	Clarinet
Drum	Drum
Flute	Flute
Gong	Gong
Guitar	Gitar
Harp	Harp
Mandolin	Mandolin
Marimba	Marimba
Oboe	Oboe
Percussion	Kusvira
Piano	Piano
Saxophone	Saxophone
Tambourine	Tambouine
Trombone	Trombone
Trumpet	Hwamba
Violin	Violin

Mythology
Mythology

Archetype	Archetype
Behavior	Maitiro
Beliefs	Zvinotenda
Creation	Kusikwa
Creature	Chisikwa
Culture	Tsika
Deities	Vamwari
Disaster	Njodzi
Heaven	Kudenga
Hero	Hero
Immortality	Kusafa
Jealousy	Godo
Labyrinth	Labyrinth
Legend	Legend
Lightning	Mheni
Monster	Monster
Mortal	Mortal
Revenge	Revenge
Thunder	Kutimirira
Warrior	Warrior

Nature
Nature

Animals	Mhuka
Arctic	Arctic
Beauty	Kunaka
Bees	Nyuchi
Clouds	Makore
Desert	Desert
Dynamic	Dynamic
Erosion	Kukukurwa
Fog	Fog
Foliage	Mashiva
Forest	Sango
Glacier	Glacer
Mountains	Makomo
Peaceful	Rugare
River	Rwizi
Sanctuary	Sanctuary
Serene	Serene
Tropical	Tropical
Vital	Vital
Wild	Wild

Numbers
Numeri

Decimal	Decimal
Eight	Sere
Eighteen	Gumi Nesere
Fifteen	Gumi Neshanu
Five	Shanu
Four	Zvina
Fourteen	Gumi Neina
Math	Math
Nine	Pfumbamwe
One	Poshi
Seven	Zvinomwe
Seventeen	Gumi Nenomwe
Six	Nhanhatu
Ten	Gumi
Thirteen	Gumi Netatu
Three	Tatu
Twelve	Gumi Nembiri
Twenty	Makumi Maviri
Two	Piri
Zero	Zero

Nutrition
Nutrition

Appetite	Appetite
Balanced	Balance
Bitter	Zvinoruva
Calories	Calories
Choices	Zvisarudzo
Diet	Diet
Digestion	Digestion
Edible	Zvinodyika
Fermentation	Kuvirisa
Flavor	Flavour
Health	Utano
Liquids	Liquids
Nutrient	Zvakarera
Proteins	Maproteins
Quality	Quality
Sauce	Sauce
Spices	Zvinhu
Toxin	Toxin
Vitamin	Vitamin
Weight	Urembo

Ocean
Ocean

Algae	Algae
Coral	Coral
Crab	Crab
Dolphin	Dolphin
Eel	Eel
Fish	Hove
Jellyfish	Jellyfish
Octopus	Octopus
Oyster	Oyster
Reef	Reef
Salt	Munyu
Seaweed	Seaweed
Shark	Shark
Shrimp	Shrimp
Sponge	Sponge
Storm	Dutu
Tides	Tides
Tuna	Tuna
Turtle	Turtle
Whale	Whale

Pets
Zvipfuyo

Cat	Cat
Claws	Makora
Collar	Collar
Cow	Cow
Dog	Imbwa
Fish	Hove
Food	Food
Goat	Mbudzi
Hamster	Hamster
Kitten	Kitten
Lizard	Lizard
Mouse	Mouse
Parrot	Parrot
Puppy	Puppy
Rabbit	Tsroro
Tail	Tail
Turtle	Turtle
Veterinarian	Veterinarian
Water	Mvura

Photography
Kutora Mifananidzo

Black	Nhema
Camera	Kamera
Color	Color
Composition	Composition
Contrast	Contrast
Darkness	Rima
Definition	Definition
Exhibition	Chiratidzo
Format	Format
Frame	Frame
Lighting	Kupedza
Object	Chinangwa
Perspective	Maonero
Portrait	Portrait
Shadows	Mimvuri
Subject	Subject
Texture	Zvinokosha
Visual	Zvinoonekwa

Physics
Physics

Acceleration	Kusimbisa
Atom	Atom
Chaos	Chaos
Chemical	Chemical
Density	Density
Electron	Electron
Engine	Engine
Formula	Formula
Frequency	Frequency
Gas	Gas
Magnetism	Magnetism
Mass	Mass
Mechanics	Machanics
Molecule	Molecule
Nuclear	Nuclear
Particle	Chikamu
Relativity	Hukama
Speed	Speed
Universal	Universal
Velocity	Velocity

Plants
Zvirimwa

Bamboo	Bamboo
Bean	Bean
Berry	Berry
Botany	Botany
Bush	Bush
Cactus	Cactus
Fertilizer	Fertilizer
Flora	Flora
Flower	Ruva
Foliage	Mashiva
Forest	Sango
Garden	Banda
Grass	Grass
Ivy	Ivy
Moss	Moss
Petal	Petal
Root	Root
Stem	Stem
Tree	Muti
Vegetation	Kurira

Professions #1
Nyanzvi #1

Ambassador	Ambassador
Attorney	Gweta
Banker	Banker
Cartographer	Cartographer
Coach	Coach
Dancer	Dancer
Doctor	Chiremba
Editor	Editor
Firefighter	Mudzimai Moto
Hunter	Hunter
Jeweler	Jeweler
Lawyer	Lawyer
Musician	Muimbi
Nurse	Nurse
Pianist	Pianist
Plumber	Plumber
Sailor	Sailor
Scientist	Nyanzvi
Tailor	Tailor
Veterinarian	Veterinarian

Professions #2
Mabasa #2

Astronaut	Astronaut
Chemist	Chemist
Dentist	Dentist
Detective	Detective
Engineer	Engineer
Farmer	Murimi
Gardener	Gardener
Inventor	Inventor
Investigator	Muvambiri
Journalist	Mutori Wenhau
Librarian	Mubhibhari
Linguist	Linguist
Painter	Painter
Philosopher	Muzivi
Photographer	Mufananidzo
Physician	Chiremba
Pilot	Pilot
Researcher	Muongororo
Teacher	Mudzidzisi
Zoologist	Zoologist

Psychology
Psychology

Appointment	Kugadziwa
Assessment	Kuongorora
Behavior	Maitiro
Childhood	Uwana
Clinical	Clinical
Cognition	Cognition
Conflict	Kukanganana
Dreams	Zviroto
Ego	Ego
Emotions	Maemo
Experiences	Zvakaitika
Ideas	Ideas
Perception	Maonero
Personality	Munhu
Problem	Dambudziko
Reality	Chokwadi
Sensation	Sensation
Therapy	Therapy
Thoughts	Pfungwa
Unconscious	Usingazivo

Restaurant #2
Resitorendi #2

Beverage	Chinonwiwa
Cake	Cake
Chair	Chair
Delicious	Zvinonaka
Dinner	Kudya
Eggs	Mazai
Fish	Hove
Fork	Fork
Fruit	Fruit
Ice	Ice
Lunch	Kusvira
Noodles	Nodles
Salad	Salad
Salt	Munyu
Soup	Soup
Spices	Zvinhu
Spoon	Chipunu
Vegetables	Muriwo
Waiter	Waiter
Water	Mvura

Science
Sayenzi

Atom	Atom
Chemical	Chemical
Climate	Madzimambo
Data	Data
Evolution	Evolution
Experiment	Experiment
Fact	Chokwadi
Fossil	Fossil
Gravity	Mukuru
Hypothesis	Hypothesis
Laboratory	Laboratory
Method	Method
Minerals	Minerals
Molecules	Mamorekuru
Nature	Nature
Organism	Zvipenyu
Particles	Particles
Physics	Physics
Plants	Zvirima
Scientist	Nyanzvi

Science Fiction
Fikisheni Yesainzi

Atomic	Atomic
Books	Mabhuku
Chemicals	Chemicals
Cinema	Cinema
Dystopia	Dystopia
Explosion	Kupuka
Extreme	Zvakanyanya
Fantastic	Fantastic
Fire	Moto
Futuristic	Futuristic
Galaxy	Galaxy
Illusion	Illusion
Imaginary	Fungidzira
Mysterious	Chakavanzika
Oracle	Oracle
Planet	Planet
Robots	Robots
Technology	Technology
Utopia	Utopia
World	Nyika

Scientific Disciplines
Zvirango Zvesainzi

Anatomy	Anatomy
Archaeology	Chekuchepedza
Biochemistry	Biochemistry
Biology	Biology
Botany	Botany
Chemistry	Chemistry
Ecology	Ecology
Geology	Geology
Immunology	Imunology
Kinesiology	Kinesiology
Linguistics	Linguistics
Mechanics	Machanics
Meteorology	Meteorolojia
Mineralogy	Mineralogy
Neurology	Neurology
Physiology	Fiziyooloji
Psychology	Psychology
Robotics	Robotics
Sociology	Sociology
Zoology	Zology

Shapes
Maumbirwo

Arc	Arc
Circle	Circle
Cone	Cone
Corner	Kona
Cube	Cube
Curve	Curve
Cylinder	Cylinder
Edges	Edges
Ellipse	Ellipse
Hyperbola	Hyperbola
Line	Line
Oval	Oval
Polygon	Polygon
Prism	Prism
Pyramid	Pyramid
Rectangle	Rectangle
Round	Rund
Side	Side
Square	Square
Triangle	Trianglo

Spices
Spices

Anise	Anise
Bitter	Zvinoruva
Cardamom	Cardamom
Cinnamon	Cinnamon
Clove	Rufu
Coriander	Coriander
Cumin	Cumin
Curry	Curry
Fennel	Fennel
Flavor	Flavour
Garlic	Garlic
Ginger	Tsangamidzi
Licorice	Licorice
Nutmeg	Nutmeg
Onion	Hanyanisi
Paprika	Paprika
Saffron	Saffron
Salt	Munyu
Sweet	Sweet
Vanilla	Vanilla

Sport
Sport

Ability	Kukwanisa
Athlete	Athlete
Body	Body
Bones	Mapfupa
Coach	Coach
Cycling	Kutsvirira
Dancing	Kutanza
Diet	Diet
Endurance	Kutsungirira
Goal	Chinangwa
Health	Utano
Jogging	Kumhanya
Maximize	Maximize
Metabolic	Metabolic
Muscles	Muscles
Program	Program
Sports	Sports
Strength	Simba

Sports
Sports

Athlete	Athlete
Baseball	Baseball
Basketball	Basketball
Bicycle	Bhasikula
Championship	Championship
Coach	Coach
Game	Game
Golf	Golf
Gymnasium	Gymnasium
Gymnastics	Gymmastics
Hockey	Hoki
Movement	Movement
Player	Mushandi
Referee	Referee
Stadium	Stadium
Team	Team
Tennis	Tennis
Winner	Mukundi

Technology
Vadivelu Comedy Technolo

Blog	Blog
Browser	Browser
Bytes	Bytes
Camera	Kamera
Computer	Computer
Cursor	Cursor
Data	Data
Digital	Digital
File	File
Internet	Internet
Message	Mashoko
Research	Tsvakiridzo
Screen	Screen
Security	Kuchengeteka
Software	Software
Statistics	Statistics
Virtual	Virtual
Virus	Utachiona

The Company
The Company

Business	Business
Creative	Kusvira
Decision	Kusarudza
Employment	Basa
Industry	Industry
Innovative	Innovative
Investment	Investment
Possibility	Zvinogona
Presentation	Mhuri
Product	Product
Progress	Progress
Quality	Quality
Reputation	Reputation
Resources	Resources
Revenue	Revenue
Risks	Risks
Trends	Maitiro
Units	Units

The Media
The Media

Attitudes	Maonero
Commercial	Commercial
Communication	Comunication
Digital	Digital
Edition	Edition
Education	Dzidzo
Facts	Zvakaitika
Funding	Mari
Industry	Industry
Intellectual	Intellectual
Local	Local
Magazines	Magazini
Network	Network
Newspapers	Mazhinji
Online	Online
Opinion	Mafuno
Public	Public
Radio	Radio
Television	Tevizheni

Time
Nguva

Annual	Gore Negore
Before	Pane
Calendar	Calendar
Century	Zana
Clock	Wachi
Day	Zuva
Decade	Decade
Early	Pakutanga
Future	Future
Hour	Awa
Minute	Mineti
Month	Mwedzi
Morning	Mangwanani
Night	Husiku
Noon	Masikati
Now	Zvino
Soon	Soon
Today	Nhasi
Week	Vhiki
Year	Gore

Town
Town

Airport	Airport
Bakery	Bakery
Bank	Bank
Bookstore	Bookstore
Cinema	Cinema
Clinic	Clinic
Florist	Kurudza
Gallery	Gallery
Hotel	Hotel
Library	Raibhurari
Market	Market
Museum	Museum
Pharmacy	Pharmacy
School	Chikoro
Stadium	Stadium
Store	Store
Supermarket	Supermarket
Theater	Drama
University	Yunivhesiti
Zoo	Zoo

Universe
Universe

Asteroid	Asteroid
Atmosphere	Atmosphere
Celestial	Yekuchenjera
Cosmic	Cosmic
Darkness	Rima
Equator	Equator
Galaxy	Galaxy
Hemisphere	Hemisphere
Horizon	Horizon
Latitude	Latitude
Longitude	Longitude
Moon	Moon
Orbit	Orbit
Sky	Sky
Solar	Solar
Solstice	Solstice
Telescope	Telescope
Visible	Zvinoonekwa
Zodiac	Zodiac

Vegetables
Vegetables

Artichoke	Artichoke
Broccoli	Broccoli
Carrot	Karoti
Cauliflower	Cauliflower
Celery	Celery
Cucumber	Ccumber
Eggplant	Zano
Garlic	Garlic
Ginger	Tsangamidzi
Mushroom	Howa
Onion	Hanyanisi
Parsley	Parsley
Pea	Pea
Pumpkin	Mapunguva
Radish	Radish
Salad	Salad
Shallot	Shallot
Spinach	Spinach
Tomato	Tomato
Turnip	Turnip

Vehicles
Mota

Airplane	Ndege
Ambulance	Ambulance
Bicycle	Bhasikula
Boat	Boat
Bus	Bus
Car	Car
Caravan	Caravan
Engine	Engine
Ferry	Ferry
Helicopter	Helicopter
Motor	Motor
Raft	Raft
Rocket	Rocket
Scooter	Scooter
Submarine	Submarine
Subway	Subway
Taxi	Taxi
Tires	Matyi
Tractor	Trakta
Truck	Truck

Visual Arts
Visual Arts

Architecture	Architecture
Artist	Artist
Chalk	Chalk
Charcoal	Marasha
Clay	Clay
Composition	Composition
Creativity	Kusvira
Easel	Easel
Film	Film
Masterpiece	Masterpiece
Painting	Kupanda
Pen	Pen
Pencil	Penzi
Perspective	Maonero
Photograph	Mufananidzo
Portrait	Portrait
Sculpture	Kunyanya
Stencil	Stencil
Wax	Wax

Water
Mvura

Canal	Canal
Damp	Kunyorova
Evaporation	Evaporation
Flood	Mafashamo
Frost	Frost
Geyser	Geyser
Humidity	Humidity
Hurricane	Huricane
Ice	Ice
Irrigation	Kudirira
Lake	Lake
Moisture	Umoto
Monsoon	Monsoon
Ocean	Ocean
Rain	Mvura
River	Rwizi
Shower	Shasha
Snow	Snow
Steam	Steam
Waves	Mafungu

Weather
Weather

Atmosphere	Atmosphere
Calm	Kudzikama
Climate	Madzimambo
Cloud	Gore
Dry	Dry
Flood	Mafashamo
Fog	Fog
Hurricane	Huricane
Ice	Ice
Lightning	Mheni
Monsoon	Monsoon
Polar	Polar
Rainbow	Murare
Sky	Sky
Storm	Dutu
Temperature	Temperature
Thunder	Kutimirira
Tornado	Tornado
Tropical	Tropical
Wind	Mhepo

Congratulations

You made it!

We hope you enjoyed this book as much as we enjoyed making it. We do our best to make high quality games.
These puzzles are designed in a clever way for you to learn actively while having fun!

Did you love them?

A Simple Request

Our books exist thanks your reviews. Could you help us by leaving one now?

Here is a short link which will take you to your order review page:

BestBooksActivity.com/Review50

MONSTER CHALLENGE!

Challenge #1

Ready for Your Bonus Game? We use them all the time but they are not so easy to find. Here are **Synonyms**!

Note 5 words you discovered in each of the Puzzles noted below (#21, #36, #76) and try to find 2 synonyms for each word.

Note 5 Words from *Puzzle 21*

Words	Synonym 1	Synonym 2

Note 5 Words from *Puzzle 36*

Words	Synonym 1	Synonym 2

Note 5 Words from *Puzzle 76*

Words	Synonym 1	Synonym 2

Challenge #2

Now that you are warmed-up, note 5 words you discovered in each Puzzle
noted below (#9, #17, #25) and try to find 2 antonyms for each word.
How many lines can you do in 20 minutes?

Note 5 Words from **Puzzle 9**

Words	Antonym 1	Antonym 2

Note 5 Words from **Puzzle 17**

Words	Antonym 1	Antonym 2

Note 5 Words from **Puzzle 25**

Words	Antonym 1	Antonym 2

Challenge #3

Wonderful, this monster challenge is nothing to you!

Ready for the last one? Choose your 10 favorite words discovered in any of the Puzzles and note them below.

1.	6.
2.	7.
3.	8.
4.	9.
5.	10.

Now, using these words and within a maximum of six sentences, your challenge is to compose a text about a person, animal or place that you love!

Tip: You can use the last blank page of this book as a draft!

Your Writing:

Explore a Unique Store
Set Up **FOR YOU!**

NOTEBOOK:

SEE YOU SOON!

Linguas Classics Team

BESTACTIVITYBOOKS.COM/FREEGAMES